MONTRÉAL ET QUÉBEC
EN QUELQUES JOURS

D0775818

Anick-Marie Bouchard et Maud Hainry

Dans ce guide

L'essentiel

Pour aller droit au but
et découvrir la ville
en un clin d'œil.

Les basiques
À savoir avant
de partir

Les quartiers
Se repérer

Explorer
Montréal
et Québec

Sites et adresses
quartier par quartier.

Les incontournables
Pour tirer le meilleur
parti de votre visite

100% montréalais
Vivre comme
un habitant

Montréal et
Québec selon
ses envies

Les meilleures choses
à voir, à faire, à tester...

**Les plus belles
balades**
Découvrir la ville à pied

Envie de...
Le meilleur de
Montréal et Québec

Carnet
pratique

Trucs et astuces
pour réussir votre
séjour.

Hébergement
Une sélection d'hôtels

**Transports
et infos pratiques**

Notre sélection de lieux et d'adresses

⦿ **Voir**

⊗ **Se restaurer**

🍷 **Prendre un verre**

⭐ **Sortir**

🔒 **Shopping**

✈ **Sports et activités**

Légende des symboles

📞 Numéro de téléphone	👪 Familles bienvenues
🕐 Horaires d'ouverture	🐾 Animaux acceptés
🅿 Parking	🚌 Bus
🚭 Non-fumeurs	⛴ Ferry
@ Accès Internet	Ⓢ Métro
📶 Wi-Fi	🚆 Train
🥗 Végétarien	

**Retrouvez facilement chaque adresse
sur les plans de quartiers**

Musée Stewart

2 ⦿ Plan p. 122, C2

Hébergées dans un ancien fort
britannique, les collections de
ce musée historique embrassent
différentes facettes de la vie humaine
de l'ancienne colonie : économique,
...tifique, artistique et militaire.
...teurs en costume d'époque
...férents personnages et
...res ont lieu chaque
... en été. (📞861-6701;
...org ; île Sainte-Hélène ;

*Parc
Jean-Drapeau*

Montréal et Québec
En quelques jours

Les guides En quelques jours
édités par Lonely Planet sont
conçus pour vous amener au
cœur d'une ville.

Vous y trouverez tous les
sites à ne pas manquer, ainsi
que des conseils pour profiter
de chacune de vos visites.
Nous avons divisé la ville
en quartiers, accompagnés
de plans clairs pour un
repérage facile. Nos auteurs
expérimentés ont déniché
les meilleures adresses dans
chaque quartier : restaurants,
boutiques, bars et clubs... Et
pour aller plus loin, découvrez
les endroits les plus insolites
et authentiques dans les pages
"100%".

Ce guide contient également
tous les conseils pratiques
pour éviter les casse-têtes :
itinéraires pour visites courtes,
moyens de transport, montant
des pourboires, etc.

Grâce à toutes ces infos,
soyez sûr de passer un séjour
mémorable.

Notre engagement

Les auteurs Lonely Planet
visitent en personne, pour
chaque édition, les lieux dont
ils s'appliquent à faire un
compte-rendu précis. Ils ne
bénéficient en aucun cas de
rétribution ou de réduction
de prix en échange de leurs
commentaires.

Montréal et Québec selon ses envies 143

Les plus belles balades

Envie de...

Carnet pratique 177

L'essentiel

Bienvenue à Montréal et Québec

Parmi les plus dynamiques d'Amérique du Nord, les villes de Montréal et Québec incarnent l'esprit de la Belle Province : joie de vivre, ouverture d'esprit et détermination à suivre sa propre voie. Mosaïque multiculturelle bilingue, Montréal affiche son cosmopolitisme épanoui dans sa multitude de festivals et sa gastronomie. Capitale résolument francophone, Québec séduit quant à elle par son quartier historique et, surtout, son imposante Citadelle perchée sur les falaises surplombant le Saint-Laurent.

Escaliers du Plateau Mont-Royal
© PASCAL DUMONT

Montréal et Québec
Les incontournables

Vieux-Montréal (p. 46)

Une balade dans ce quartier pittoresque transporte le visiteur aux premiers temps de la Nouvelle-France. L'animation fébrile du Vieux-Port en fait un lieu de divertissement et de détente fort apprécié.

Basilique Notre-Dame, Montréal
(p. 50)

Fleuron néogothique dont la somptueuse décoration intérieure tout en dorures incite pèlerins et visiteurs au rêve, avec sa forêt de colonnes, son maître-autel sculpté et ses vitraux historiques.

Musée Pointe-à-Callière, Montréal
(p. 48)

Situé directement sur un site archéologique d'importance, c'est *le* musée à visiter pour mieux comprendre l'histoire de Montréal, en plus d'accueillir des expositions temporaires d'envergure.

Musée des Beaux-Arts, Montréal (p. 24)

Récemment agrandi, cet immense musée regroupe une impressionnante collection permanente internationale, gratuite. Le pavillon Bourgie permet de se familiariser avec l'art typiquement canadien.

Quartier des spectacles, Montréal (p. 26)

Autour de la place des Arts, les salles de concerts, théâtres et cinémas abondent. Une esplanade en plein air accueille les scènes des grands festivals ainsi que des œuvres d'art et des performances multimédias.

Plateau Mont-Royal, Montréal (p. 74)

Un ancien faubourg populaire francophone que l'embourgeoisement a transformé en heureux quartier de flâneries, de jolies maisons, de parcs fleuris, de restaurants branchés et de boutiques bohèmes.

Parc du Mont-Royal, Montréal (p. 76)

La "montagne" de la ville permet de s'évader loin du brouhaha, dans une forêt de 60 000 arbres s'étendant sur une centaine d'hectares. La vue sur le centre-ville est imprenable depuis le belvédère.

Parc Jean-Drapeau, Montréal (p. 120)

Un parc d'envergure regorgeant d'activités été comme hiver : balade, baignade, vélo ou roller sur le circuit du Grand Prix, musées, parc d'attractions, discothèque en plein air, casino, raquettes, ski de fond, traîneau à chiens...

Espace pour la vie, Montréal (p. 110)

Au cœur du Parc olympique, cet important complexe muséal sur les sciences naturelles comprend un jardin botanique, un insectarium, un planétarium et le Biodôme, sorte de zoo couvert reproduisant plusieurs écosystèmes.

Vieux-Québec (p. 128)

Le cœur historique de Québec, l'unique ville américaine fortifiée au nord du Mexique, est inscrit au patrimoine mondial de l'humanité. Il se dégage du Vieux-Québec un charme propre aux petites cités du Vieux Continent.

100% Montréal et Québec
Vivre comme un habitant

*Conseils d'initiés pour découvrir
le vrai Montréal et le vrai Québec*

De retour des musées et de l'agitation affairée du centre-ville, n'hésitez pas à vous mêler aux habitants dans les quartiers multiethniques remarquablement ouverts et dynamiques. Les Montréalais sont réputés pour être faciles d'approche et il n'est pas rare de discuter spontanément avec des inconnus. À Québec, sortez des sentiers battus de la ville intra-muros pour aller flâner dans le quartier Saint-Roch.

Quartier chinois
(p. 28)

▶ Épiceries singulières
▶ Cuisine asiatique

Passez les portes de ce quartier ethnique implanté depuis plus d'un siècle dans le centre-ville et déambulez dans les rues piétonnes à la découverte de boutiques de thés et d'herbes médicinales ou d'une ribambelle de petits centres commerciaux. L'endroit par excellence où savourer des mets asiatiques de toutes origines à prix doux.

Autour du Carré
Saint-Louis (p. 78)

▶ Demeures victoriennes
▶ Musiciens et poètes

Espace vert arboré et romantique, le Carré Saint-Louis accueille les flâneurs, les poètes itinérants et les musiciens, conservant l'esprit de ce haut lieu littéraire des années 1970. Si vous vous lassez des maisons aux toits colorés qui l'encadrent, il faut alors vous plonger dans l'atmosphère animée de la rue Prince-Arthur.

Autour du marché
Jean-Talon (p. 94)

▶ Culture italienne
▶ Terroir québécois

Dans le plus gros marché de la ville, le temps semble ralentir et les producteurs seront fiers de vous présenter les spécialités de la Belle Province en répondant à toutes vos questions. Les rues avoisinantes accueillent une population italienne bien implantée et dynamique. Comme les Montréalais, voyagez autour du monde en prenant le métro !

Déambuler sur
"la Main" (p. 96)

▶ Carrefour multiethnique
▶ Commerces variés

À la fois ligne de division et espace de rencontre, le boulevard Saint-Laurent, dit "la Main", illustre remarquablement le cosmopolitisme à la montréalaise, jonglant entre le français, l'anglais et une multitude de langues étrangères. On trouvera

Le marché Jean-Talon

Le quartier chinois

une kyrielle de quartiers ethniques désenclavés : italien, juif, portugais, chinois...

Quartier Saint-Roch, à Québec
(p. 130)

▶ Galeries et coopératives d'artistes
▶ Restos et bistros

Ancien faubourg manufacturier, Saint-Roch est le nouveau quartier branché de Québec. Les artistes ont été les premiers à investir les lieux, suivis des grandes firmes qui y ont installé leurs sièges. On flâne aujourd'hui dans la rue Saint-Joseph Est, entre les boutiques, les galeries et les bistros.

© PASCAL DUMONT

Autres lieux pour vivre le Montréal des Montréalais :

Dieu du Ciel (p. 103)

Grande Bibliothèque (p. 65)

Bistro In Vivo (p. 116)

Boulangerie Cheskie's (p. 146)

Le Randolph (p. 67)

Marché Atwater (p. 34)

Autres lieux pour vivre le Québec des Québécois :

Café du clocher penché (p. 138)

Le Cercle (p. 138)

Montréal et Québec
en 5 jours

1er jour, Montréal

Passez la matinée à déambuler dans les rues du **Vieux-Montréal** (p. 46) qui recèle de beaux trésors. Explorez le **Vieux-Port** (p. 52) et ses quais et visitez le **musée Pointe-à-Callière** (p. 48) pour mieux comprendre les débuts de la ville et son histoire. Faites un arrêt à la **basilique Notre-Dame** (p. 50) et déjeunez au restaurant **Olive et Gourmando** (p. 57).

Remontez la rue Saint-Denis le long du **Quartier latin** (p. 62) et traversez le **carré Saint-Louis** (p. 78) et la rue Prince-Arthur afin de rejoindre **"la Main"** (boulevard Saint-Laurent, p. 96) à la découverte du Petit Portugal et du **Plateau Mont-Royal** (p. 74), un quartier idéal pour s'adonner au rituel du "cinq à sept", version locale de l'apéro.

Vous trouverez sur le Plateau de bons bistros pour dîner, comme le **Réservoir** (p. 87). Vous pouvez aussi tenter une option végétalienne étonnante et populaire, **Aux vivres** (p. 82). Renseignez-vous pour savoir s'il n'y a pas un concert gratuit en plein air sur la **place des Festivals** (p. 27) ou laissez-vous tenter par l'une des nombreuses discothèques de "la Main".

2e jour, Montréal

Explorez le centre-ville en commençant par le musée des **Beaux-Arts** (p. 24) dont la collection permanente est gratuite. Poursuivez par un peu de lèche-vitrine dans les grands magasins de la rue Sainte-Catherine avant de vous diriger vers le **quartier chinois** (p. 28) où vous aurez l'embarras du choix entre les différentes traditions culinaires asiatiques.

Ralliez le **parc du Mont-Royal** (p. 76), notamment le belvédère Kondiaronk, qui offre une vue splendide sur la ville. Dirigez-vous vers la **Petite Italie** (p. 92) et faites un arrêt au Marché des Saveurs du **marché Jean-Talon** (p. 94) pour y trouver des alcools fins régionaux et des confiseries à l'érable. Visitez au passage l'église phare du quartier italien, la **Chiesa della Madonna della Difesa** (p. 99) et profitez-en pour acheter un cannoli à la pâtisserie **Alati-Caserta** (p. 95).

Le soir, retournez vers le Plateau Mont-Royal et dînez au fameux **Pied de Cochon** (p. 84) ou dans un restaurant "Apportez votre vin" de la rue Duluth. Terminez par un verre au **Plan B** (p. 87), où vous aurez peut-être l'occasion de rencontrer une célébrité locale.

Votre temps vous est compté ?

Nous avons concocté pour vous des itinéraires détaillés qui vous permettront d'optimiser le peu de temps dont vous disposez.

3e jour, Montréal

De bon matin, louez un vélo près du Vieux-Port (p. 53) et pédalez le long du canal de Lachine en vous arrêtant au **marché Atwater** (p. 34) pour y acheter de bons produits frais pour pique-niquer. Traversez ensuite le Saint-Laurent par la pointe du Havre près du **Silo Nº5** (p. 56) en passant devant les curieux blocs d'**Habitat 67** (p. 56) jusqu'au **parc Jean-Drapeau** (p. 120), paisible refuge insulaire, où vous pourrez faire un tour sur le **circuit Gilles-Villeneuve** (p. 121) et vous détendre dans le **jardin des Floralies** (p. 121).

L'après-midi, mettez le cap sur le **Parc olympique** (p. 113) où vous pourrez apprécier le faste du stade. L'étonnant **Biodôme** (p. 111) est une visite agréable avec des enfants, mais vous pourrez aussi profiter du **Planétarium** (p. 111), du vaste **jardin botanique** (p. 111), si le temps s'y prête, et de l'Insectarium.

Pour dîner, tentez le trésor caché du quartier, les **Cabotins** (p. 115) et sa cuisine du Sud-Ouest, ou retournez vers le Plateau dîner chez **Léméac** (p. 102). Enfin, terminez la soirée au **Baldwin Barmacie** (p. 104).

4e et 5e jour, Québec

Dirigez-vous vers le château Frontenac et la terrasse Dufferin. Profitez de la vue sur le Saint-Laurent et visitez les vestiges du **château Saint-Louis** (p. 133). Prenez ensuite l'escalier Casse-Cou par la côte de la Montagne pour rejoindre la rue du Petit-Champlain. Visitez ensuite le **Centre d'interprétation de Place-Royale** (p. 134) avant de déjeuner au **Buffet de l'Antiquaire** (p. 137). L'après-midi, rendez-vous au **musée de la Civilisation** (p. 134) où vous découvrirez la culture québécoise et amérindienne. Passez la soirée dans la rue Saint-Jean, dînez au **Moine Échanson** (p. 138) et prenez un dernier verre au **Pub Saint Alexandre** (p. 139).

Le lendemain, partez à la découverte de l'imposante **Citadelle** (p. 133), ou arpentez les 4,6 km de **fortifications** qui entourent la ville (p. 129) : l'importance stratégique de Québec n'aura plus de secret pour vous. Pour déjeuner, laissez-vous tenter par un hamburger gourmet **Chez Victor** (p. 137), et l'après-midi, allez sentir battre le pouls authentique de la ville dans le **quartier Saint-Roch** (p. 130). Vous pourrez alors dîner au **Café du Clocher Penché** (p. 138) et passer la soirée au **Cercle** (p. 138).

Les basiques

Pour plus d'informations, reportez-vous au Carnet pratique (p. 178).

Monnaie
Dollar canadien ($).

Langue
Français et anglais.

Formalités
Les Français, les Belges, les autres ressortissants de l'Union européenne ainsi que les Suisses n'ont pas besoin de visa : un passeport valide suffit.

Argent
Les DAB sont répandus et la majorité des commerces acceptent les cartes bancaires, à l'exception de certains cafés et restaurants.

Téléphone
Sauf indication contraire, il faut composer l'indicatif téléphonique de Montréal (514) avant les numéros de téléphone mentionnés dans ce guide.

Téléphone portable
Seuls les mobiles tribandes ou quadribandes seront compatibles avec les fréquences canadiennes.

Heure locale
Lorsqu'il est 12h à Paris, il est 6h à Montréal et à Québec.

Prises et adaptateurs
Comme dans toute l'Amérique du Nord, le courant est de 110 V alternatif et les prises sont à deux broches plates rapprochées.

Pourboire
Restaurants, 15% du prix hors taxes ; serveurs et barmen, environ 1 $ par verre commandé.

❶ Avant de partir

Budget quotidien

Moins de 90 $
- ▶ Lit en dortoir : 20-35 $
- ▶ Chambre d'hôtes : s/d à partir de 50/60 $
- ▶ Sandwichs et plats à emporter : 6-14 $

90-250 $
- ▶ Chambre d'hôtes ou d'hôtel : s/d 70-120/90-150 $
- ▶ Repas dans un restaurant de catégorie moyenne : 15-30 $ (sans boisson)
- ▶ Montréal-Québec en bus/train : 57/75-100 $

Plus de 250 $
- ▶ Chambre d'hôtel "supérieure" : 120 $ et plus
- ▶ Repas dans un restaurant plus haut de gamme : 30 $ et plus
- ▶ Location de voiture : 40-70 $/jour

Sites Web

Lonely Planet (www.lonelyplanet.fr). Renseignements sur le Québec, forum etc.

Tourisme Montréal (www.tourisme-montreal.org). Portail touristique officiel du Grand Montréal.

Tourisme ville de Québec (www.quebecregion.com). Portail généraliste sur la ville de Québec et sa région.

Voir (www.voir.ca). L'actualité culturelle dans les principales villes du Québec.

À prévoir

Un mois avant Réservez votre hébergement.

Deux semaines avant Achetez vos billets pour les concerts et les spectacles.

Deux jours avant Réservez une table dans les restaurants étoilés.

② Arriver à Montréal et Québec

L'aéroport Pierre-Elliott-Trudeau (aussi appelé Dorval) accueille les vols internationaux. Si vous arrivez en train depuis les États-Unis, le terminus est la gare centrale. Il n'y a qu'une gare de bus à Montréal. Il est possible d'arriver via Québec, à l'aéroport Jean-Lesage.

✈ De l'aéroport Pierre-Elliott-Trudeau (Montréal)

Destination	Meilleur moyen de transport
Centre-ville de Montréal	Bus n° 747 jusqu'à Ⓜ Lionel-Groulx ou Ⓜ Berri-Uqam
Québec	Bus Orléans Express

✈ De l'aéroport Jean-Lesage (Québec)

Destination	Meilleur moyen de transport
Centre-ville de Québec	Taxi (☎418-525-5191)
Montréal	Taxi jusqu'à la gare de bus de Sainte-Foy puis bus Orléans Express

🚆 Train

De la gare centrale, vous pouvez prendre le métro à la station Bonaventure sur la ligne orange sans avoir besoin de sortir.

🚌 Bus

La gare de bus de Montréal est située à deux pas du métro Berri-Uqam, carrefour des lignes orange, verte et jaune.

③ Comment circuler

Montréal est pourvue d'un réseau de quatre lignes de métro rapide, mais très fréquenté à l'heure de pointe. Les bus quadrillent la ville fréquemment sur ses grands axes et le réseau de nuit est assez efficace, bien que peu fréquenté. Il est peu probable que vous ayez à emprunter les trains de banlieue, mais sachez que leurs tickets diffèrent de ceux du système bus-métro.

Montréal : Ⓜ Métro et 🚌 Bus

Le métro circule généralement de 6h à minuit du dimanche au jeudi et de 6h à 1h30 les vendredis et samedis. Les tickets coûtent 3 \$ à l'unité, 5,50 \$ l'aller-retour et 24,50 \$ les dix. Il existe aussi des forfaits touristiques de un ou trois jours (9/18 \$). Les bus acceptent les tickets et les espèces, mais ils ne rendent pas la monnaie. Un ticket assure les correspondances pendant 120 minutes (aller-retour interdit).

Québec : 🚌 Bus

Le ticket coûte 2,75 \$ (correspondance gratuite) et le forfait journée 7,25 \$. Nombre des bus qui desservent le Vieux-Québec s'arrêtent place d'Youville. Le bus n° 800 se rend à la gare du Palais, la gare ferroviaire et des bus longue distance.

🚕 Taxi

Dans les deux villes, la prise en charge s'élève à 3,45 \$ (plus 1,70 \$/km). À Montréal, adressez-vous à **Taxi Champlain** (☎273-2435) ou à **Taxi Coop Montréal** (☎725-9885). **Taxi Coop Québec** (☎418-525-5191) est la plus importante compagnie de Québec.

🚲 Vélo

À Montréal, le système de vélos en libre-service **Bixi** (www.bixi.com) est une solution avantageuse pour les courts trajets (abonnement de 7/15 \$ pour 1/3 jours, location gratuite la première demi-heure, puis 1,75 \$ par demi-heure supplémentaire).

Montréal
Les quartiers

Petite Italie, Mile End et Outremont (p. 92)

La ville fait miroiter ses facettes multi-culturelles au confluent de ses quartiers juif et italien, dans le secteur le plus en vogue chez les artistes montréalais.

Centre-ville (p. 22)

Sous ses gratte-ciel, le centre fourmille d'activité : des musées impressionnants, une vie universitaire foisonnante et des restaurants de premier ordre.

◉ Les incontournables

Musée des Beaux-Arts
Quartier des spectacles

Plateau Mont-Royal
◉

Parc du Mont-Royal
◉

◉
Musée des
Beaux-Arts

Quartier
des spectacles
◉

Basilique
Notre-Dame

Vieux-Montréal ◉ ◉
◉
Musée
Pointe-à-Callière

Parc ◉
Jean-Drapeau

Vieux-Montréal (p. 44)

On aime se perdre dans le dédale des rues anciennes du cœur historique de la ville, mais aussi ressentir l'animation du Vieux-Port.

◉ Les incontournables

Vieux-Montréal
Basilique Notre-Dame
Musée Pointe-à-Callière

Fleuve Saint Laurent

Plateau Mont-Royal (p. 72)

Cet ancien quartier populaire aux rues si typiques est désormais le lieu de sortie par excellence, avec ses grands parcs verdoyants, ses restos et ses boutiques.

◉ Les incontournables

Plateau Mont-Royal
Parc du Mont-Royal

Ville de Québec (p. 126)

À 3 heures de Montréal, Québec est la capitale historique de la Nouvelle-France et le berceau de l'identité québécoise.

◉ Les incontournables

Vieux-Québec

Vers Québec →

◉
Espace pour la vie

Hochelaga-Maisonneuve (p. 108)

Héritage des Jeux de 1976, le stade olympique est entouré du plus grand ensemble muséal sur les sciences naturelles au Canada, au beau milieu d'un quartier populaire.

◉ Les incontournables

Espace pour la vie

Quartier latin et le Village (p. 62)

On prend au Quartier latin le pouls de la vie culturelle francophone, tandis qu'au Village, c'est la frénésie de l'un des plus grands quartiers gays du monde.

Parc Jean-Drapeau (p. 118)

Dans cette véritable bouffée d'air en ville, on pratique été comme hiver une grande gamme d'activités : marche, vélo, ski, raquettes et danse sur la musique électronique.

◉ Les incontournables

Parc Jean-Drapeau

Explorer
Montréal et Québec

À vélo sous la neige
© PASCAL DUMONT

Explorer

Centre-ville

Le centre de Montréal bourdonne d'activités. De larges boulevards, des galeries marchandes et des gratte-ciel de verre résolument nord-américains côtoient de nombreux espaces verts, des monuments historiques et des églises du XIXe siècle rappelant l'Europe. Il regroupe les meilleurs musées de la ville et constitue un lieu de sortie prisé des Montréalais.

L'essentiel en un jour

☀ Commencez la journée au **marché Atwater** (p. 34) pour faire le plein de produits du terroir québécois. Vous en profiterez pour vous promener à pied ou à **vélo** (p. 43) sur les rives du canal de Lachine, berceau de l'industrialisation montréalaise. Revenez ensuite vers le centre, et faites du lèche-vitrines dans les nombreuses boutiques de mode des **cours Mont-Royal** (p. 42) et les grands magasins avoisinants comme **Holt Renfrew** (p. 42) et **Ogilvy** (p. 42). Pour le déjeuner, profitez d'une assiette de viande fumée, plat juif montréalais typique, chez Reuben's (p. 35).

☼ La visite du **musée des Beaux-Arts** (p. 24) peut prendre quelques heures. Féru d'art mais moins friand de musées ? Vous lui préférerez l'exploration du **Belgo** (p. 34) où le contact avec les artistes est plus probable. Les passionnés d'histoire iront directement au **musée McCord** (p. 32). Pour vous alléger l'esprit, prenez ensuite une bouffée d'air sur le campus de l'**université McGill** (p. 32), au pied du Mont-Royal.

☾ En début de soirée, flânez dans le **quartier des Spectacles** (p. 26), notamment sur la place des Festivals, autour d'œuvres d'art interactives ou de l'une des scènes des festivals de l'été. Puis dînez au **café du Nouveau Monde** (p. 36) qui ne vous décevra pas, avec ses grands classiques français bien maîtrisés. Terminez la soirée dans l'une des salles du quartier (p. 27).

⊙ Les incontournables

Musée des Beaux-Arts (p. 24)

Quartier des spectacles (p. 26)

○ 100% montréalais

Quartier chinois (p. 28)

♥ Le meilleur du quartier

Cuisine

Vasco da Gama (p. 35)

Café Ferreira (p. 37)

Joe Beef (p. 37)

Soirées

House of Jazz (p. 40)

La Salsathèque (p. 40)

SAT (p. 41)

Comment y aller

🚌 **Bus** Le bus n° 747 depuis l'aéroport Trudeau fait un arrêt à la station de métro Lionel-Groulx.

Ⓜ **Métro** Les lignes verte et orange traversent le centre-ville d'ouest en est. La station Lionel-Groulx permet de passer de l'une à l'autre.

🚆 **Train** La gare centrale accueille les grandes lignes interurbaines tandis que la gare Windsor accueille les trains de la grande banlieue.

Les incontournables
Musée des Beaux-Arts

Fondé en 1860, le musée des Beaux-Arts est l'un des premiers musées d'Amérique du Nord à s'être doté d'une collection aussi riche (aujourd'hui 33 000 pièces) couvrant une vaste période de près de deux millénaires – de l'art antique à l'art contemporain – à travers peintures, sculptures, objets décoratifs, meubles, dessins et photographies. Il est composé de plusieurs édifices distincts reliés par une galerie souterraine.

◉ Plan p. 30, D2

www.mbam.qc.ca

1380 rue Sherbrooke Ouest

Collection permanente gratuite, expos tarif plein/12-30 ans 20/12 $, 10 $ pour tous après 17h, gratuit -12 ans

mar-ven 11h-17h, sam-dim 10h-17h, expos jusqu'à 21h mer et 19h jeu-ven

Ⓜ Guy-Concordia

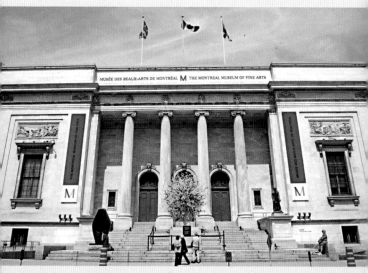

Musée des Beaux-Arts de Montréal

À ne pas manquer

Pavillon Desmarais

Ultramoderne, conçu par l'architecte Moshe Safdie, il abrite les collections d'art européen et américain de l'époque médiévale à l'époque contemporaine avec notamment Rembrandt, Picasso et Matisse pour la peinture et Moore, Giacometti et Calder pour la sculpture. Le sous-sol est consacré aux arts graphiques.

Pavillon Bourgie

On retrouve les collections canadiennes dans cette église presbytérienne de style néoroman : l'art inuit, principalement des sculptures de pierre serpentine, mais aussi des objets cérémoniaux provenant de la côte ouest. Les bronzes d'Alfred Laliberté et de Suzor-Coté représentent des scènes rurales du tournant du siècle. Un style typiquement canadien se définit dans l'art moderne, à travers des paysages d'Emily Carr, de Marc-Aurèle Fortin et du Groupe des Sept. À voir : les peintures monumentales de Riopelle et de Borduas, signataires en 1948 du manifeste du Refus Global.

Pavillon Horstein

De style néoclassique, il concentre les collections des cultures du monde : arts asiatique, islamique, précolombien, art sacré africain et antiquités méditerranéennes, ainsi que les expositions temporaires payantes.

Pavillon Steward

La collection d'art décoratif compte 700 objets couvrant six siècles, dont 3 000 boîtes à encens japonaises et autres collections d'arts asiatiques (textiles, jades, verreries, céramiques, bronzes). Le design du XXe siècle, du milieu des années 1930 à nos jours, est très bien représenté.

☑ À savoir

▶ L'entrée principale et la billetterie sont centralisées au pavillon Desmarais. On y trouve aussi un vestiaire, un café et un salon pour les familles. Le passage vers les autres pavillons se fait au niveau S2, le deuxième sous-sol.

▶ Des audioguides gratuits sont disponibles sur demande et des visites guidées thématiques gratuites ont lieu tous les jours en début d'après-midi (sauf les samedis, en matinée), au départ du pavillon Desmarais.

▶ Wi-Fi gratuit

✕ Une petite faim ?

Le **bistro du musée** (☺mar-ven midi et mer soir) sert une cuisine de bonne qualité, mais plutôt chère.

Les incontournables
Quartier des spectacles

Inauguré en 2009, cet ensemble s'articule autour de la place des Arts, formant une vaste zone de diffusion culturelle. S'articulant le long d'espaces publics, de passages piétonniers extérieurs et souterrains, ce quadrilatère compte nombre de musées, théâtres, salles de concerts et restaurants branchés. Un superbe plan de lumière éco-énergétique y trace un parcours lumineux et souligne avec élégance une imposante fontaine près de la rue Bleury.

◉ Plan p. 30, G2

www.quartierdesspectacles.net

Délimité par le bd René-Lévesque au sud, et les rues Sherbrooke au nord, City Councillors à l'ouest et Saint-Hubert à l'est

Ⓜ Place-des-Arts, Saint-Laurent

Festival des Francofolies de Montréal

À ne pas manquer

Place des Arts

La place des Arts est en fait un vaste complexe de salles de théâtre aux caractéristiques variées. La salle Wilfrid-Pelletier, la plus grande du genre au Canada, peut accueillir toutes sortes de spectacles (danse, théâtre, opéra, orchestre symphonique). Le théâtre Jean-Duceppe présente une scène très large et une estrade sur plusieurs étages tandis que le théâtre de Maisonneuve est une salle plus traditionnelle. Deux autres salles viennent compléter l'ensemble : le Studio-Théâtre, avec sa scène minuscule, et la Cinquième Salle servant principalement à la création.

Place des Festivals

Cette immense place s'étendant le long du musée d'Art contemporain devient le parterre de la plus grande scène de spectacle pendant les festivals. On y retrouve un ensemble de fontaines (plus de 200 jets d'eau), et des projections multimédias ont souvent lieu sur la façade en brique de l'immeuble la bordant.

Une multitude de salles

Près d'une vingtaine de salles de spectacle, une dizaine de scènes dans des petits bars-cabarets, des chapelles, des locaux de l'Université du Québec à Montréal et trois cinémas (totalisant plus de 20 salles) : il y a de la place pour tout le monde et des prestations pour tous les goûts.

Musées, galeries et bibliothèques

Si le **musée d'Art contemporain** (p. 32) se trouve en plein cœur du quartier, on trouve aussi une grande concentration de galeries dans l'édifice du **Belgo** (p. 34). Enfin, la Bibliothèque et Archives nationales (ou Grande Bibliothèque) fourmille d'activités littéraires et culturelles.

☑ À savoir

▶ La **Vitrine culturelle de Montréal** (☎285-4545 ou 1-866-924-5538 ; www.lavitrine.com ; 2 rue Sainte-Catherine Est) est le guichet central d'information et de billetterie de la place des Arts. Elle présente le calendrier complet des spectacles en cours ; le service de billetterie inclut la vente d'invendus à tarif réduit.

▶ La plupart des activités sont concentrées autour de la place des Festivals. L'été, des concerts gratuits en plein air ont lieu pratiquement tous les soirs.

✗ Une petite faim ?

Des versions café-bistro à prix raisonnables (plats 15-25 $) de deux restaurants gastronomiques québécois occupent les "vitrines habitées" de la place des Festivals : le **F-Bar** (☎289-4558 ; www.fbar.ca ; n°1485) et la **Brasserie T !** (☎282-0808 ; http://brasserie-t. com ; n°1425).

100% montréalais
Quartier chinois

De grandes portes dorées (*paifang*) offertes par la Chine délimitent l'entrée du quartier chinois sur le boulevard Saint-Laurent, entre le boulevard René-Lévesque et l'avenue Viger, et dans la rue de la Gauchetière. Piétonnier dans sa majeure partie, vieux de plus d'un siècle, le quartier chinois mérite le détour pour son atmosphère affairée, ses restaurants asiatiques et ses boutiques proposant d'innombrables plantes médicinales.

❶ Holiday Inn

À quelques pas du Palais des congrès, l'hôtel de la chaîne Holiday Inn donne rapidement le ton du quartier, arborant des traits architecturaux chinois, avec ses deux pagodes sur le toit. Construit selon les règles du feng shui, il dégage une curieuse atmosphère.

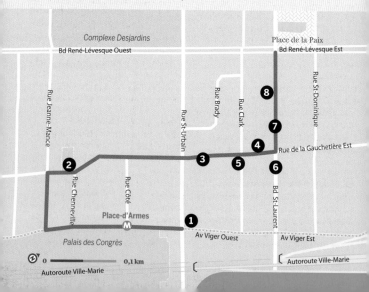

❷ Mission catholique

Après avoir longé la façade de verre coloré du Palais des congrès, pénétrez dans le quartier chinois par la porte ouest pour découvrir l'église de la **Mission catholique chinoise du Saint-Esprit** (205 rue de la Gauchetière Ouest) qui servit tour à tour aux Écossais, aux Sulpiciens et aux Slovaques avant de devenir chinoise en 1957.

❸ Rue de la Gauchetière

La rue de la Gauchetière est entièrement piétonne. Très populaire, le restaurant **Beijing** (📞 861-2003 ; www.restaurantbeijing.net ; 92 rue de la Gauchetière Ouest ; plats 7-18 $; dîner 2 pers 24-42 $; ⏰ tlj à partir de 11h30) sert des spécialités de soupe aigre, de canard et de fruits de mer à une clientèle cosmopolite. Pour le dessert, nombre de pâtisseries proposent des flans, des beignets et du thé aux perles (*bubble tea*).

❹ Place centrale

Au coin de la rue Clark, les flâneurs se détendent, les adeptes du tai-chi matinal se dégourdissent les jambes, les militants du Falun Gong protestent et la vie du quartier bat son plein : l'imposant **Centre communautaire et culturel chinois** (1088 rue Clark) se trouve à deux pas.

❺ Mongolian Hot Pot

(📞 393-0888 ; 50 rue de la Gauchetière ; midi adulte/enfant 13/9 $, soir 19/12 $; ⏰ lun-jeu 11h30-15h et 16h30-22h, ven-dim 11h30-15h30 et 16h30-23h30). Au coin de la rue, cette enseigne chinoise est un bon choix :

des fondues mongoles épicées que l'on garnit soi-même de viandes, de crustacés et de légumes exotiques.

❻ Boulevard Saint-Laurent

Les épiceries et restaurants plus tendance se retrouvent sur "la Main". Il faut oser pousser les portes des boutiques car tout n'est pas bien indiqué. Entre les portes nord et sud du quartier, on trouvera aussi des boutiques d'encens, de mangas ou de thé et des stands de bibelots.

❼ Cuisine vietnamienne

La soupe pho du **Phó Bang New York** (📞 954-2032 ; 970 bd Saint-Laurent ; plats 9-15 $; ⏰ 10h-22h) n'a pas son pareil. En remontant la rue, vous tomberez sur **Hoang Oanh** (📞 954-0053 ; 1071 bd St-Laurent ; sandwichs 3,50 $; ⏰ 11h-3h), une minuscule échoppe de *bahn mi* (sandwichs vietnamiens à la baguette). Enfin, le **Cristal No 41** (📞 875-4275 ; 1068 bd Saint-Laurent ; plats 6-13 $; ⏰ tlj) ne paie pas de mine, mais est un autre classique du genre, pour ses soupes pho savoureuses et généreuses.

❽ Succulents raviolis

Notre coup de cœur : **Mai Xiang Yuan** (📞 875-1888 ; 1084 bd Saint-Laurent ; 15 dumplings 7-10 $; ⏰ tlj 11h-21h, ven-sam jusqu'à 22h), une petite échoppe avenante où l'on sert les meilleurs dumplings (raviolis chinois) de Montréal. Le menu n'offre que très peu d'à-côtés – il vaut mieux y aller à plusieurs pour partager les assiettes qui se commandent par lot de 15.

A Av Montrose
B
C Parc du Mont-Royal
D Redp

Av Clarke

Av Severn

Av Rosemount

Rue Mt-Pleasant

Av Mountain

Chemin St-Sulpice

Chemin de la Vigne

Av Holton

Av Wood

Chemin Barat

Rue Sherbrooke Ouest

Av des Pins Ouest

Av Cedar

Parc Percy Walters

Rue Simpson

Rue Redpath

Av Summerhill

Av Oliver

Av Elm

Collège Dawson

Musée des Beaux-Arts

Rue Greene

Atwater

Place Alexis Nihon

Square Cabot

Rue Atwater

Rue Lambert Closse

Rue Chomedey

Rue du Fort

Rue Towers

Rue St-Marc

Av Lincoln

14

Rue Guy

Rue Pierre

Rue Mackay

Rue Bishop

2

Av Greene

Bd Dorchester

Rue Halowell

Av Columbia

RueStaynor

Rue Prospect

Rue Sussex

Av Seymour

Rue Tupper

Rue Baile

15

Rue St-Mathieu

Guy-Concordia

Rue Ste- Catherine Ouest

12

20

Rue Rose de Lima

Rue Selby

Lionel-Groulx

Rue Souvenir

Av Hawarden

5

Autoroute Ville-Marie

Rue St-Antoine Ouest

Rue Coursol

Rue Quesnel

Rue Dominion

Georges-Vanier

Parc Campbell-Centre

Av Dale

Av Argyle

Lucie L'All

3

Rue Rose de Lima

Rue Bel Air

Av Brewster

Av Greene

Av Walker

Av Marin

Lionel-Groulx

Av Atwater

Rue Delisle

Rue Workman

Parc Vinet

17

19 29

Rue Duvernay

Rue Ste-Cunégonde

Av Lionel Groulx

Rue Vinet

Rue Dominion

Bd Georges-Vanier

Rue St-Jacques

Rue Antique Alley

Rue Notre-Dame Ouest

PETITE-BOURGOGNE

RueSt-Martin

Rue Chatham

Rue des Seigneurs

Rue St-Martin

Av Guy

Rue Lusignan

Rue Versailles

Rue Lucien-L'Allier

Parc Herb-Trawick

Rue Paxton

Pl Víctor Hugo

Rue Barré

4

7

39 38

Canal de Lachine

Rue William

5

Charlevoix

0 ————— 400 m

Av des Pins Est
Rue Guilbault

Av des Pins Ouest
Av des Pins Ouest

Rue Hutchison
Rue Prince-Arthur Ouest

Rue St-Dominique
Av Coloniale
Av de l'Hôtel-de-Ville

E **F** **G** **H**

Crescent
Parc Rutherford
Av Docteur-Penfield
Av des Pins Ouest

Av Lorne
Crescent
Rue Lorne

Rue Durocher
Av du Parc

10
Rue Milton

9

Rue Sherbrooke Est

Rue St-Norbert

Rue de la Montagne
Rue Drummond
Rue Peel
Rue McTavish
Université McGill
3
Rue University
Aylmer

Rue Evans
31
Rue Ontario Est

33

35

Rue Sherbrooke Ouest

2
Rue Peel
Rue Metcalfe
Rue Mansfield
College
Rue Union
24
Rue de laConcorde
Av du Président Kennedy

Saint-Laurent

McGill

11
16
34
Bd de Maisonneuve Ouest
RueMayor
Place-des-Arts
27
Place des Arts
1

Rue de Boisbriand
25
22

32
CENTRE-VILLE
Rue McGill

St-Urbain

Rue Ste-Catherine Est
28

Rue Ste-Elisabeth

8
Centre Infotouriste
26
Rue Cathcart
Rue Ste-Catherine Ouest
Square Phillips
6 **21**
Quartier des spectacles
13

Rue Mansfield
Rue Stanley
Square Dorchester
36
Rue P. Phillips
Bd René-Lévesque Ouest
Rue St-Alexandre
Rue de Bleury
Complexe Desjardins
30
Place de la Paix
Bd René-Lévesque Est

Place du Canada
4
Gare centrale
Rue de La Gauchetière Ouest
Rue Dowd
Rue Anderson
QUARTIER CHINOIS
Rue Clark
Rue St-Dominique

Gare Windsor
Bonaventure
Place Bonaventure
Square-Victoria
Av Viger Ouest
Place-d'Armes
Av Viger Est

Rue de la Cathédrale
Rue Peel
Palais des Congrès
Champ de Mars

37
Square Victoria
Rue St-Antoine Ouest
Rlle des Fortifications

Square Chaboillez
Rue St-Jacques
Rue St-Jacques

Parc Labatt
Rue Notre-Dame Ouest

Rue Gauvin

GRIFFINTOWN
Rue St-Maurice
Rue de Longueuil
VIEUX-MONTRÉAL
Rue le Royer
Rue de la Commune Est

Rue St-PaulOuest
Place d'Youville

Rue Jean-d'Estrées
Rue Peel
Rue Shannon
Rue Ann
Rue Nazareth
Rue Ottawa
RueWellington
Rue Duke
Rue Prince
Rue Queen
Rue King
Rue des Soeurs-Grises
Rue McGill
Rue Normand
Rue St-Pierre

Autoroute 10

Parc du Canal-de-Lachine
Rue Smith
Rue Brennan
Parc des Écluses

Voir

Musée d'Art contemporain

ART CONTEMPORAIN

 Plan p. 30, G2

Le MAC présente des expositions permanentes et temporaires d'œuvres postérieures à 1939. Seule institution canadienne entièrement consacrée à l'art contemporain, le musée abrite une collection de 6 000 œuvres d'avant-garde, dont plus de la moitié provenant d'artistes québécois. Le musée a également ouvert un volet "arts vivants", avec des films, de la danse, de la musique et du théâtre. Il organise également de nombreux événements et ateliers créatifs. (☑847-6226 ; www.macm.org ; 185 rue Sainte-Catherine Ouest ; adulte/senior/étudiant 12/10/8 $, gratuit mer 17h-21h ; ☻mar-dim 11h-18h, jusqu'à 21h mer ; Ⓜ Place-des-Arts)

Musée McCord

MUSÉE

2 ◉ Plan p. 30, F2

Ce musée renferme plus d'un million de pièces et de documents illustrant l'histoire du Canada du XVIIIᵉ siècle à nos jours, notamment celle des nations autochtones du Québec et des premiers colons européens. (☑398-7100 ; www.musee-mccord.qc.ca ; 690 rue Sherbrooke Ouest ; adulte/senior/enfant 13/10/5 $; ☻mar-ven 10h-18h, sam-dim 10h-17; Ⓜ McGill)

Université McGill

UNIVERSITÉ

3 ◉ Plan p. 30, F2

Fondée en 1828 par James McGill, un riche marchand de fourrure écossais, cette université se classe parmi les plus prestigieuses du monde. Le campus comprend un agréable petit Muséum d'histoire naturelle, le **musée Redpath** (☑398-4086 ; 859, rue Sherbrooke Ouest ; adulte/enfant

---

Comprendre
La ville souterraine

Le terme est un peu exagéré. Il n'y a en effet pas de routes ni de gratte-ciel souterrains, juste un vaste réseau de commerces, restaurants, cinémas et salles d'exposition, reliés les uns aux autres par des galeries bien éclairées et ventilées couvrant quelque 29 km. Des fontaines aident à maintenir l'humidité et la température tourne autour de 20°C. Si l'on y ajoute le métro, l'ensemble forme un petit monde autonome, à l'abri des rigueurs du climat. Au plus fort de l'hiver, certains habitants particulièrement bien placés peuvent ainsi aller travailler, faire leurs courses, voir des films et assister à des spectacles de la place des Arts vêtus d'un simple T-shirt.

Le musée Redpath

5/2 $ ⊙lun-ven 9h-17h, dim 11h-17h).
Comprenant plus de 80 bâtiments
dont des hôtels particuliers victoriens,
son agréable campus verdoyant invite
à la promenade et au pique-nique.
(☎398-6555 ; www.mcgill.ca ; angle rues
Sherbrooke Ouest et de la Montagne ;
Ⓜ McGill)

Cathédrale Marie-Reine-du-Monde
PATRIMOINE RELIGIEUX

4 ◉ Plan p. 30, E3

Achevée en 1894, cette cathédrale est
une version réduite (d'un quart) de la
basilique Saint-Pierre de Rome. Son
intérieur tout en dorures 23 carats est
grandiose. Certains de ses tableaux
illustrent les débuts de l'histoire
de la ville. (☎866-1661 ; angle bd René-
Lévesque Ouest et rue Mansfield ; ⊙lun-ven
7h-18h15, sam-dim 7h30-18h15 sauf office ;
Ⓜ Bonaventure)

Centre canadien d'architecture
MUSÉE

5 ◉ Plan p. 30, C3

De renommée internationale, le
CCA est un centre de recherches
en architecture. Les expositions
alternent entre architecture locale et
internationale, urbanisme et dessins
paysagers. La partie moderne enserre
la maison Shaughnessy, magnifique
demeure de 1874, à la façade de
calcaire gris et décorée de meubles
d'époque. À noter aussi une terrasse
avec des sculptures qui domine le sud
de la ville. (☎939-7026 ; www.cca.qc.ca ;

© PASCAL DUMONT

Le Belgo : exposition de l'artiste Paryse Martin (galerie CIRCA)

1920 rue Baile ; adulte/senior/enfant et étudiant 10/7 $/gratuit ; ⊘mer-dim 11h-18h, jeu 11h-21h, gratuit jeu 17h30-21h ; ♿🛜 ; Ⓜ Guy-Concordia)

Le Belgo
GALERIES D'ART

 6 Plan p. 30, G3

Ancien centre manufacturier industriel, ce complexe de galeries, ateliers et studios est l'un des hauts lieux des arts visuels contemporains et actuels montréalais. Designers, marchands d'art et architectes forment désormais les trois quarts des occupants. Montez au 5ᵉ étage par l'ascenseur et effectuez la visite à pied jusqu'au rez-de-chaussée. (📞861-2953 ; 372 rue Sainte-Catherine Ouest, coin Bleury ;

entrée libre ; ⊘mer-sam 12h-17h ; Ⓜ Place-des-Arts)

Se restaurer

Marché Atwater
MARCHÉ **$**

 7 Plan p. 30, A4

D'architecture Art déco élégante, ce formidable marché logé dans une halle de 1933 surmontée d'une tour à horloge met l'eau à la bouche avec des produits issus de l'agriculture locale, d'excellents vins, des poissons frais, des fromages fins et autres délices. Le canal de Lachine situé à proximité se prête merveilleusement au pique-nique. On peut aussi se restaurer à la **Première Moisson**,

un café-pâtisserie couru.
(138 av. Atwater ; ☉lun-mer 7h-18h, jusqu'à
20h jeu-ven et 17h sam-dim ; MⓁLionel-
Groulx)

Reuben's · VIANDE FUMÉE $

 8 Plan p. 30, E3

D'énormes sandwichs à la viande
fumée (dite *smoked meat*) sont servis
dans des box ou sur un long comptoir
souvent pris d'assaut. (☎866-1029 ;
1116 rue Sainte-Catherine Ouest ; plats 9-17 $;
☉6h30-minuit lun-mer, 6h30-1h30 jeu-ven,
8h-1h30 sam, 8h-minuit dim ; MⓅPeel)

Lola Rosa · VÉGÉTARIEN $$

 9 Plan p. 30, F1

Dans une rue arborée proche de
l'université McGill, ce joli café discret
prépare une délicieuse cuisine
végétarienne. Une ardoise annonce
l'offre du jour en plus des salades
fraîches, des jus de fruits, des desserts
et du café correct. (☎287-9337 ;
www.lola-rosa.ca ; 545 rue Milton ; plats
10-14 $; ☉11h30-21h30 ; MⓂMcGill)

Amelio's · ITALIEN $$

10 Plan p. 30, G1

Au cœur de l'enclave du campus de
McGill, cette table très appréciée a
rassasié des générations d'étudiants
avec ses pâtes copieuses et ses
croustillantes pizzas bien garnies.
(☎845-8396 ; www.ameliospizza.com ;
201 rue Milton ; plats 9,50-25 $; ☉11h30-21h
lun-ven, à partir de 16h sam-dim ;
MⓂPlace-des-Arts)

Vasco da Gama · CAFÉ PORTUGAIS $$

 11 Plan p. 30, E2

Un café portugais, aux sandwichs
gastronomiques imaginés par
le propriétaire du Café Ferreira
(p. 37). Vous vous laisserez tenter
par un burger de thon sauce tartare
à l'huile fumée ou encore par un
sandwich à l'agneau confit et oignons

Comprendre
Blasphèmes en VO

Le français parlé au Québec est riche de ses diversités régionales et
les jurons n'échappent pas à la règle. Ces derniers ont la particularité
de reprendre les mots désignant des objets liturgiques, héritage de la
domination exercée par l'Église catholique plusieurs siècles durant.
Ainsi, le Québécois lâchera un *tabarnac* (tabernacle) ou un *sacrament*
(sacrement) à la place de notre mot de Cambronne. Et si vous avez fait
une grosse bêtise, attendez-vous à l'entendre s'écrier *Hostie de câlisse de
tabarnac* !

Curieusement, *fucké* (de l'anglais *fuck*) n'est pas bien méchant et signifie
simplement "cassé" ou "mentalement dérangé".

caramélisés. Petits-déjeuners, tapas en soirée et service de paniers pique-nique. (📞286-2688 ; www.vascodagama.ca ; 1472 rue Peel ; plats 11-18 $; ⏱tlj ; Ⓜ Guy-Concordia)

Phayathai THAÏLANDAIS $$

 12 ✕ Plan p. 30, D3

Un restaurant thaïlandais dans une demeure victorienne ! Poulet sauce satay, porc au curry rouge, goûteuses crevettes à la citronnelle et soupes réveillent les papilles. Lumières tamisées. (📞933-9949 ; 1235 rue Guy ; plats 12-29 $; ⏱mar-ven midi, soir tlj ; Ⓜ Guy-Concordia).

Café du Nouveau Monde BISTRO $$

13 ✕ Plan p. 30, H3

Cuisine irréprochable, carte des vins intéressante et addition très raisonnable pour ce café-bistro du théâtre du Nouveau Monde. Les tartares, les risottos et le foie de veau grillé sont délicieux. Mieux vaut réserver pour la salle à l'étage, qui offre plus d'intimité. (📞866-8669 ; 84 rue Sainte-Catherine Ouest ; menu midi 12-16 $, plats soir 14-24 $; ⏱lun 11h30-20h, mar-ven 11h30-minuit, sam 17h-minuit ; Ⓜ Place-des-Arts)

Au Bistro Gourmet FRANÇAIS $$

14 ✕ Plan p. 30, C2

Cette maison accueillante sert une cuisine du marché de style classique, qui réserve de belles surprises. Un

Q 100 % montréalais

La fameuse poutine

La poutine, des frites nappées de cheddar frais en grains et d'une sauce brune à base de fond de veau, fait partie des spécialités culinaires du Québec. Il en existe plusieurs variantes : "toute garnie" ou *all dressed* (avec champignons et poivrons sautés), Dulton (avec saucisses ou viande de bœuf hachée), italienne (avec de la sauce bolognaise), chou-chou (avec de la salade de choux, du poulet et des petits pois), etc. À **La Banquise** (voir p. 82), vous avez le choix entre 25 recettes de poutine. Dans tous les cas, il faut l'avaler rapidement avant que la garniture ait ramolli les frites !

excellent choix pour le déjeuner. Formule "apportez votre vin" le soir. (📞846-1553 ; www.aubistrogourmet.com ; 2100 rue Saint-Mathieu ; plats 13-23 $, menu midi 13 $, table d'hôte 23-43 $; ⏱lun-ven 11h30-14h30, tlj 17h30-22h ; Ⓜ Guy-Concordia)

Le Paris FRANÇAIS $$

15 ✕ Plan p. 30, C2

Un bistro du coin décontracté et vieillot qui séduit depuis 1956 une clientèle d'habitués. La carte propose des classiques français comme le confit de canard et une brandade de morue très réussie. (📞937-4898 ; www.leparismontreal.com ;

Au bar du Joe Beef

1812 rue Sainte-Catherine Ouest ; midi 20-25 $, table d'hôte 22-38 $; ⊙11h30-14h30 et 17h30-22h lun-ven, sam soir seulement ; Ⓜ Guy-Concordia)

Café Ferreira   PORTUGAIS $$$

16 Ⓧ Plan p. 30, E2

Un restaurant chaleureux à la devanture en azulejos qui prépare la meilleure cuisine portugaise de la ville. La *cataplana* (sorte de bouillabaisse) est succulente et les amateurs de viande pourront se régaler d'un carré d'agneau ou d'une entrecôte de bœuf Angus frottée d'épices accompagnée d'un porto. (📞848-0988 ; www.ferreiracafe.com ; 1446 rue Peel ; plats 30-45 $; ⊙lun-ven midi et soir, sam soir ; Ⓜ Peel)

Joe Beef   QUÉBÉCOIS $$$

17 Ⓧ Plan p. 30, B4

Actuel chouchou des critiques gastronomiques qui vantent ses plats de viande et audacieux à base de produits frais du marché. On y déguste, entre autres, des huîtres, du bœuf Wagyu fondant, du poisson et un choix renouvelé de spécialités québécoises roboratives. Réservation obligatoire. S'il affiche complet, rabattez-vous à côté sur le Liverpool House ou le McKiernan's, quasi voisins, un peu moins chers et appartenant au même groupe. (📞935-6504 ; 2491 rue Notre-Dame Ouest ; plats 31-51 $; ⊙mar-sam soir ; Ⓜ Lionel-Groulx)

Prendre un verre

Brutopia

MICROBRASSERIE

18 Plan p. 30, D3

Bières naturelles à la pression, dont une ale blonde au goût de miel, une brune foncée à la saveur de noisette et une blonde plus inhabituelle à l'arôme de framboise. Le décor en brique et panneaux de bois incite la clientèle étudiante à la convivialité. (☎393-9277 ; www.brutopia.net ; 1219 rue Crescent ; ◷15h30-3h dim-ven, 12h-3h sam ; ⓜGuy-Concordia)

Burgundy Lion

PUB-RESTAURANT

19 Plan p. 30, B4

Un pub "british" à la mode qui ne se la raconte pas et reçoit tout le monde avec une égale décontraction. Plats anglais, bières et whiskies à gogo. (☎934-0888 ; www.burgundylion.com ; 2496 rue de Notre-Dame Ouest ; ◷11h30-3h lun-sam, à partir de 10h dim ; ⓜLionel-Groulx)

Grumpy's Bar

PUB

20 Plan p. 30, D3

Un bar en sous-sol sans prétention qui fut jadis le repaire des intellectuels anglophones. Scène ouverte le mercredi (humour et slam) et concerts presque tous les soirs. Les bœufs acoustiques de bluegrass du jeudi font figure de mythe. (☎866-9010 ; 1242 rue Bishop ; ◷12h-3h ; ⓜGuy-Concordia)

Nyk's Map

PUB

21 Plan p. 30, G3

Son atmosphère bohème chic fait de ce pub-bistro chaleureux le lieu de déjeuner et d'apéritif préféré des branchés du Plateau qui travaillent dans le centre. (☎866-1787 ; 1250 rue de Bleury ; ◷11h-3h lun-ven, à partir de 16h sam ; ⓜPlace-des-Arts)

Pub Sainte-Élisabeth

PUB

22 Plan p. 30, H3

Pub spécialisé dans les bières européennes. Son patio, l'une des plus belles terrasses de Montréal, très agréable en été, attire une faune bigarrée. Animé, l'endroit peut convenir à toutes les clientèles. (☎286-4302 ; www.ste-elisabeth.com ;

À savoir

Tu ou vous ?

Au Québec, vous entendrez plus souvent "Y'est quelle heure ?" que "Quelle heure est-il ?" ou "Tu veux-tu ?" au lieu de "Veux-tu ?". Le tutoiement s'emploie ainsi beaucoup plus couramment dans la Belle Province qu'en France. Même si le tutoiement spontané tend à se raréfier dans les grandes villes, on passe rapidement du "vous" au "tu" dès qu'un premier contact a été établi. En outre, il peut être tout à fait déplacé de s'acharner sur le "vous". Il suffit de trouver le bon dosage.

La terrasse du pub Sainte-Élisabeth

1412 rue Sainte-Élisabeth ; ⊘tlj ;
Ⓜ Berri-Uqam)

Sir Winston
Churchill Pub

PUB

23 Ⓠ Plan p. 30, D2

Un vaste pub sur deux niveaux
toujours rempli de touristes,
d'étudiants et d'anglophones plus
âgés. Ses atouts : plusieurs bars, des
tables de billard, une musique qui
pulse, des célébrités de passage et
un service de restauration continu.
(☎288-3814 ; www.swcpc.com ; 1459 rue
Crescent ; ⊘tlj ; Ⓜ Guy-Concordia)

Sortir

Comedyworks

HUMOUR

Voir 20 Ⓠ Plan p. 30, D3

Ce café-théâtre anglophone, dans
la plus pure tradition des *stand-
up comics* est un endroit rigolo, à
l'ambiance intimiste, pour découvrir
les talents locaux. Soirée scène ouverte
le lundi. Troupe d'improvisation
On the Spot Players le mercredi.
Réservation nécessaire. (☎398-9661 ;
www.comedyworksmontreal.com ; 1238 rue
Bishop ; ⊘20h30-3h lun-sam ; Ⓜ Guy-
Concordia)

Concert du Carolyn Fe Blues Collective, House of Jazz

House of Jazz

JAZZ

24 ⭐ Plan p. 30, F2

Une déco classique et haute en lumière dans cet excellent club de jazz classique doublé d'un restaurant de cuisine sudiste. Concerts quotidiens. (☎842-8656 ; 2060 rue Aylmer ; entrée 5 $; ⏱11h30-0h30 lun-mer, jusqu'à 2h30 jeu-ven, 18h-2h30 sam, 18h-minuit dim ; Ⓜ McGill)

Les Foufounes électriques CLUB

25 ⭐ Plan p. 30, H2

Monument de la scène alternative locale, les "Foufs" (cela signifie "fesses" au Québec) déclinent les musiques alternatives : new wave, grunge, punk ou métal dans une ambiance survoltée. (☎844-5539 ; www.foufounes.qc.ca ; 87 rue Sainte-Catherine Est ; ⏱15h-3h ; Ⓜ Saint-Laurent)

La Salsathèque

DANSES LATINES

26 ⭐ Plan p. 30, E3

Cette institution montréalaise est un véritable paradis de la danse latino-américaine (salsa, mérengué, mambo, etc.). L'endroit, plein à craquer le week-end, réunit les générations des 20 à 40 ans. (☎875-0016 ; www.salsatheque.ca ; 1220 rue Peel ; ⏱mer-dim ; Ⓜ Peel)

Opéra de Montréal

OPÉRA

27 ⭐ Plan p. 30, G2

On peut assister ici à de somptueuses productions chantées par des stars de l'art lyrique. La traduction du livret en français ou en anglais apparaît sur un écran vidéo au-dessus de la scène. (☎985-2258 ; www.operademontreal.com ; Place des Arts ; billets 50-140 $; ⊙billetterie 9h-17h lun-ven ; Ⓜ Place-des-Arts)

Orchestre symphonique de Montréal
MUSIQUE CLASSIQUE

Voir 27 ⭐ Plan p. 30, G2

Cet orchestre de réputation internationale installé dans le complexe de la Place des Arts fait souvent salle comble. (☎842-9951 ; www.osm.ca ; Place des Arts ; billets 40-160 $; ⊙billetterie de la place des Arts 12h-20h30 lun-sam, dim et soirées selon heures des représentations ; Ⓜ Place-des-Arts)

SAT
CLUB ET ESPACE ARTISTIQUE

28 ⭐ Plan p. 30, H3

Installée dans un entrepôt dépouillé, la Société des arts technologiques (SAT) œuvre pour la promotion de l'art numérique. Elle accueille des DJ et des performeurs qui repoussent les limites, des ateliers culinaires ainsi que des soirées cultes comme NEON. (☎844-2033 ; www.sat.qc.ca ; 1195 bd Saint-Laurent ; Ⓜ Saint-Laurent)

Shopping

Antiquités Grand Central
ANTIQUAIRE

29 🔒 Plan p. 30, B4

L'enseigne la plus élégante de la "rue des antiquaires" (voir l'encadré ci-contre) se visite avec plaisir pour ses meubles, luminaires et bibelots européens des XVIIIe et XIXe siècles. (☎514-935-1467 ; 2448 rue Notre-Dame Ouest ; ⊙9h-18h lun-sam ; Ⓜ Lionel-Groulx)

L'Art des artisans du Québec
ARTISANAT

30 🔒 Plan p. 30, G3

Espace de diffusion de dizaines d'artisans québécois, idéal pour des cadeaux-souvenirs authentiques, dans toutes les spécialités. (☎288-5379 ; www.artdesartisansduquebec.com ; 150 rue Sainte-Catherine Ouest, complexe Desjardins ; ⊙10h-18h lun-mer, jusqu'à 21h jeu-ven, 9h30-17h30 sam et 12h-17h dim ; Ⓜ Place-des-Arts)

Boutique Eva B
MODE

31 🔒 Plan p. 30, H2

Petite boutique au décor théâtral qui déborde de vêtements d'occasion ou recyclés pour femme, de streetwear neuf et d'articles rétro tels que chaussures de bowling des années 1950 et boas en plumes. Piscine de vêtements à 1 $. (☎849-8246 ; 2013 bd Saint-Laurent ; ⊙11h-19h ou plus tard lun-sam, 12h-19h dim ; Ⓜ Saint-Laurent)

Q 100 % Montréalais
La rue des antiquaires

La "rue des antiquaires" (Antique Alley ; plan p. 30, C4), tronçon de la rue Notre-Dame Ouest situé dans la partie sud-ouest du centre-ville entre l'avenue Atwater et la rue Guy, regroupe des dizaines de magasins.

Chapters
LIVRES ET MUSIQUE

32 🔒 Plan p. 30, E2

Trois niveaux de livres en français et en anglais ainsi qu'un fabuleux rayon consacré au voyage dans le sous-sol au fond. Café et espace Internet au 1ᵉʳ étage. (☎849-8825 ; 1171 rue Sainte-Catherine Ouest ; ◷10h-22h sauf dim-lun 21h ; Ⓜ Peel)

Holt Renfrew
GRAND MAGASIN

33 🔒 Plan p. 30, E2

Une institution montréalaise et une véritable aubaine pour ceux qui affectionnent les marques et ont les moyens de se le offrir. Agréable

Cours Mont-Royal

café sur place. (☎514-842-5111 ; www.holtrenfrew.com ; 1300 rue Sherbrooke Ouest ; ◷10h-18h lun-mer, jusqu'à 21h jeu-ven, 9h30-17h30 sam et 12h-17h dim ; Ⓜ Peel)

Cours Mont-Royal
GALERIE MARCHANDE

34 🔒 Plan p. 30, E2

Ancien hôtel monumental de style Beaux-Arts de 1 100 chambres, ce haut lieu du shopping abrite les grands classiques de la mode canadienne et internationale. (☎842-7777 ; www.lcmr.ca ; 1455 rue Peel ; ◷10h-18h lun-mer, jusqu'à 21h jeu-ven, 9h30-17h30 sam et 12h-17h dim Ⓜ Peel)

Ogilvy
GRAND MAGASIN

35 🔒 Plan p. 30, E2

Ce grand magasin de l'époque victorienne accueille maintenant un ensemble de boutiques très en vue. Sa vitrine de jouets animés fait partie des attractions de Noël. (☎842-7711 ; www.ogilvycanada.com ; 1307 rue Sainte-Catherine Ouest ; ◷10h-18h lun-mer, jusqu'à 21h jeu-ven, 9h-17h sam, 12h-17h dim ; Ⓜ Peel)

Place Ville-Marie
GALERIE MARCHANDE

36 🔒 Plan p. 30, F3

Créé à la fin des années 1950, le premier centre commercial de Montréal inaugura la ville souterraine (voir l'encadré p. 32). Il compte désormais 80 boutiques, restaurants et services divers. (☎861-9393 ; angle av. McGill College et rue Cathcart ; ◷9h30-18h lun-mer, jusqu'à 21h jeu-ven et 17h sam, 10h-17h dim ; Ⓜ Bonaventure)

© PASCAL DUMONT

À vélo sur le canal de Lachine

Sports et activités

ATRIUM Le 1000 PATINOIRE

37 Plan p. 30, E4

Cette belle patinoire intérieure, ouverte toute l'année, est située au sous-sol d'un gratte-ciel de 51 étages, près de la gare centrale de VIA Rail. Location de patins sur place (6,50 $). Téléphonez pour connaître les horaires qui changent fréquemment. (☎395-0555 ; www.le1000.com ; 1000 rue de la Gauchetière Ouest ; adulte/senior et étudiant/enfant 7/6/5 $; MBonaventure)

Aventures H2O LOCATION DE KAYAKS

38 Plan p. 30, A5

Loue des kayaks, des *rabaskas* (grands canots en écorce de bois), des pédalos et des bateaux électriques permettant de partir en excursion le long du canal de Lachine. Leur kiosque fait face au marché Atwater (p. 34), en bordure de la piste cyclable de Lachine. (☎842-1306 ; www.h2oadventures.com ; 2985B rue Saint-Patrick ; ⊙tlj 9h-coucher du soleil mi-mai à mi-sept ; kayak et pédalo 20-25 $/heure, rabaska (4-13 places) et bateau électrique (1-5 places) 50 $/heure ; MLionel-Groulx)

My Bicyclette LOCATION DE VÉLOS

39 Plan p. 30, A5

De l'autre côté du canal de Lachine par rapport au marché Atwater, vous pourrez vous procurer l'équipement (hybride 24 vitesses, vélo de ville ou pour enfant) pour une paisible balade au bord de l'eau. Tours guidés de 3 heures (55-57 $). (☎317-6306 ou 1-877-815-0150 ; www.mybicyclette.com ; sur la piste cyclable du canal de Lachine ; à partir de 10 $/heure ; ⊙lun-ven 10h-19h, sam-dim 9h-19h ; MLionel-Groulx)

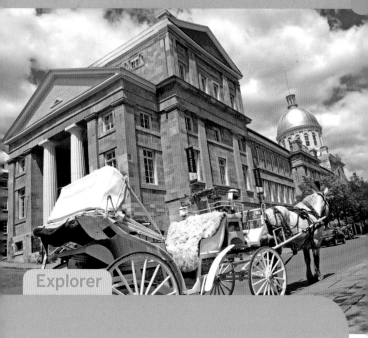

Explorer

Vieux-Montréal

Berceau de la ville, le Vieux-Montréal attire par ses églises imposantes, ses jolies rues et ses musées historiques passionnants. D'abord carrefour du commerce de la fourrure, puis centre financier du pays, l'ancienne Ville-Marie est aujourd'hui envahie par les foules qui se divertissent au Vieux-Port et se laissent tenter par ses boutiques-hôtels et ses tables gastronomiques.

L'essentiel en un jour

☀ Du métro Champ-de-Mars, vous apercevez l'**hôtel de ville** (p. 55) et l'ancien palais de justice. Remontez la rue Gosford, où se dresse le **château Ramezay** (p. 54) sur votre droite. Au bout de la rue se trouve le **marché Bonsecours** (p. 53) qui abrite nombre de galeries et d'artisans. La **chapelle Bonsecours** (p. 53) avoisinante mérite le détour pour ses ex-voto. Descendez ensuite au **Vieux-Port** (p. 53), pour une vue panoramique depuis le sommet de la **tour de l'Horloge** (p. 54). Flânez un peu le long de la promenade ou de la **rue Saint-Paul** (p. 47) pour vous ouvrir l'appétit et déjeunez sur la terrasse du **Boris Bistro** (p. 57) ou chez **Olive et Gourmando** (p. 57).

☀ L'après-midi sera consacré au musée **Pointe-à-Callière** (p. 48) que vous visiterez de fond en comble avant de vous rendre jusqu'à l'imposante **basilique Notre-Dame** (p. 50). Il sera encore temps de faire un **tour en calèche** (p. 60) et de revenir vers la **place Jacques-Cartier** (p. 47) et la petite rue des Artistes.

🌙 Le Vieux-Montréal se veut une expérience gastronomique québécoise – tentez le dîner chez **Toqué !** (p. 58), à **L'Auberge Saint-Gabriel** (p. 58) ou au **Club Chasse et Pêche** (p. 58). Vous pourrez ensuite prendre un verre au **Deux Pierrots** (p. 59), établissement pilier du style des boîtes à chanson.

👁 Les incontournables

Vieux-Montréal (p. 46)

Musée Pointe-à-Callière (p. 48)

Basilique Notre-Dame (p. 50)

❤ Le meilleur du quartier

Musées

Centre d'histoire de Montréal (p. 54)

Château Ramezay (p. 54)

Restaurants

Olive et Gourmando (p. 57)

Garde-Manger (p. 57)

L'auberge Saint-Gabriel (p. 58)

Achats

Diffusion Griff (p. 59)

L'Empreinte coopérative (p. 60)

Galerie Le Chariot (p. 60)

Comment y aller

Ⓜ **Métro** Trois stations de la ligne orange permettent de rallier le quartier : Champ-de-Mars, Place-d'Armes et Square-Victoria

⚓ **Bateau** Une navette part du port de Longueuil et rallie le quai Jacques-Cartier en saison. Transport des vélos gratuit. (☎281-8000 ; www.navettesmaritimes. com ; quai Jacques-Cartier ; aller 7,50 $; ☀tlj toutes les heures fin mai à mi-oct)

Les incontournables
Vieux-Montréal

Datant essentiellement du XVIIIᵉ siècle, le quartier le plus ancien de la ville est situé à proximité du fleuve et abonde en squares, en églises et en rues piétonnières. De savants éclairages le mettent en valeur le soir : c'est le moment idéal pour en apprécier l'architecture typique. Il fait bon flâner sur les quais du Vieux-Port de Montréal (p. 53), qui bouillonnent d'activités pour toute la famille.

Plan p. 52

Délimité au nord par l'avenue Viger, à l'est par la rue Amherst, au sud par le fleuve Saint-Laurent et à l'ouest par la rue University

M Champ-de-Mars, Place-d'Armes et Square-Victoria

Rue Saint-Paul, Vieux-Montréal

À ne pas manquer

Place Jacques-Cartier

À proximité de l'hôtel de ville et de l'ancien palais de justice, cette place légèrement inclinée vibre l'été au son des musiciens et autres artistes de rue, tandis que ses terrasses de restaurant résonnent de conversations animées. L'hiver, elle accueille des bals populaires lors des diverses festivités.

Place d'Armes

Nommée ainsi en raison des cérémonies militaires qui s'y tenaient, elle possède en son milieu un monument à la mémoire des fondateurs de Montréal : Paul de Chomedey, sieur de Maisonneuve et, à ses pieds, un guerrier iroquois, Jeanne Mance, fondatrice de l'Hôtel-Dieu, et Charles Le Moyne, explorateur et seigneur de Montréal. On y trouve les premiers gratte-ciel de la ville : au n°511, l'**édifice New York Life** (1888) fut le premier, suivi de l'**édifice Alfred** (1929), au n°507, de style Art déco.

Rue Saint-Jacques

Ancienne Wall Street du Canada, elle concentrait les sièges des grandes banques canadiennes. Vous devrez franchir une suite de lourdes portes pour pénétrer dans la **Banque de Montréal** (n°119), dont l'intérieur est splendide, ou de la **Banque royale** (n°369), ornée de dorures.

Rue Saint-Paul

Tracée dès 1672, la rue Saint-Paul fut longtemps la principale artère commerciale de Montréal. Jalonnée de maisons historiques, d'antiquaires, d'hôtels chics, de restaurants et de nombreuses galeries d'art, c'est un axe agréable à emprunter à pied.

☑ À savoir

▶ Le **Bureau d'information touristique du Vieux-Montréal** (174 rue Notre-Dame Est ; www.tourisme-montreal.org ; ⏱tlj 9h-19h juin-sept, 10h-18h avr-mai, 10h-17h oct-nov) donne des renseignements sur la vieille ville.

....

✗ Une petite faim ?

▶ Un comptoir vend une pâtisserie frite typiquement canadienne, la **Queue de castor** (127 rue de la Commune Est ; 4-7 $), habituellement consommée avec un peu de citron, de sucre et de cannelle. C'est un classique des festivals et foires en toute saison.

Les incontournables
Musée Pointe-à-Callière

Sans conteste le plus intéressant des musées historiques de la ville, le musée Pointe-à-Callière est construit sur le lieu de fondation de Ville-Marie au XVIIe siècle, future ville de Montréal, et présente un témoignage archéologique et historique exceptionnel. On y trouve les fondations de plusieurs bâtiments des débuts de la colonie, une grande quantité d'artéfacts amérindiens et coloniaux et des expositions temporaires qui à elles seules valent le détour.

Plan p. 52, B2

872-9150

http://pacmusee.qc.ca

350 place Royale

Tarif plein/senior/étudiant/enfant 18/14/9,50-10,50/7 $ taxe incluse

mar-ven 10h-17h, sam-dim 11h-17h fermé lun

Place-d'Armes, Square-Victoria

La crypte archéologique du musée

À ne pas manquer

L'Éperon et la crypte archéologique

Bâtiment primé pour son architecture contemporaine audacieuse, il constitue la porte d'entrée du musée. L'exposition **Ici Montréal** renferme des artefacts amérindiens, les ruines du premier cimetière catholique du Canada (1643), la voûte de l'ancien système de vidange de la ville ainsi que les fondations d'origine des édifices et de la place publique. Parallèlement, des installations interactives illustrent le mode de vie de la colonie aux XVIIe et XVIIIe siècles.

Station de pompage D'Youville

On y trouve le seul élément industriel du complexe : la première station de pompage électrique du système de vidange de la ville, en service de 1915 à 1990. Le bâtiment abrite désormais une exposition sur le patrimoine industriel et un centre de documentation.

Ancienne-Douane et Maison-des-Marins

Espace consacré aux groupes scolaires, le bâtiment néoclassique de l'Ancienne-Douane (1836) présente une exposition multiculturelle sur l'amour au deuxième étage. Récemment inaugurée (2013), la Maison-des-Marins accueille des expositions temporaires, un espace archéo-jeunes et la boutique du musée.

Place Royale

La première ville fortifiée de Ville-Marie s'articulait historiquement autour de la **place Royale**, qui n'a cependant plus le prestige d'autrefois. Un marché du XVIIIe siècle y est recréé pendant les week-ends d'août.

☑ À savoir

▸ Présenté chaque demi-heure, l'impressionnant spectacle multimédia **Signé Montréal** possède un site Internet compagnon (www.signemontreal.com) qui intéressera sans doute les jeunes au retour du musée.

▸ Le site de Pointe-à-Callière fait encore l'objet de fouilles et d'études. Pour plus d'information sur les découvertes récentes, consultez le site Internet de l'**École de fouilles** (www.ecoledefouilles.org).

✗ Une petite faim ?

Au dernier étage, le restaurant **L'Arrivage** (menu express 12-15 $, plats 18-20 $; ⊙ midi seulement) offre une vue incomparable sur le Vieux-Port. Sa cuisine du marché présente un bon rapport qualité/prix.

Les incontournables
Basilique Notre-Dame

Construite en 1823 à la demande des Sulpiciens
soucieux d'assurer leur suprématie sur l'évêché
catholique et sur les anglicans, cette basilique
néogothique s'inspire de la Sainte-Chapelle de
Paris. Grand trésor de l'architecture religieuse
montréalaise, elle peut accueillir jusqu'à
3 000 fidèles. Magnifiquement décorée, elle
abrite, entre autres, un maître-autel sculpté, des
vitraux émouvants et une chaire en bois très
ouvragée.

Plan p. 52, B1

842-2925

www.basiliquenddm.org

110 rue Notre-Dame Ouest

adulte/enfant 5/4 $

lun-ven 8h-16h30, sam
8h-16h, dim 12h30-16h

Ⓜ Place-d'Armes

L'intérieur de la basilique Notre-Dame

À ne pas manquer

Architecture néogothique

C'est un architecte new-yorkais d'origine irlandaise, James O'Donnell, un protestant qui se convertit au catholicisme avant de mourir, qui lui conféra ses allures néogothiques. Son intérieur spectaculaire comprend une forêt de colonnes et de sculptures en bois entièrement réalisées à la main et assemblées sans le moindre clou.

Décoration extravagante

La décoration intérieure de l'église est remarquable, avec un maître-autel imposant installé sous une voûte en cèdre bleue, constellée d'étoiles dorées. Monumentale, la chaire en noyer noir et tilleul au milieu de la nef est richement sculptée. Notez également les trois rosaces hexagonales qui ornent le plafond. Les vitraux (1929) racontent l'histoire religieuse de Montréal.

Des œuvres monumentales

Le gros bourdon de la basilique (dans la tour ouest) est la plus grosse cloche du continent. Dans le chœur, on peut admirer l'*Arbre de vie*, une sculpture en bronze de Charles Daudelin pesant 20 tonnes et mesurant 17 m de haut. D'une taille imposante et composé de 5 772 tuyaux, l'orgue Casavant donne le frisson lorsqu'on l'entend, en particulier à l'occasion des concerts de Noël.

Chapelle du Sacré-Cœur

Derrière la nef principale, la chapelle du Sacré-Cœur, ou chapelle des Mariages, accueille les futurs époux qui attendent parfois jusqu'à deux ans pour pouvoir y convoler. Son curieux style hybride date de 1978, date à laquelle elle fut reconstruite à la suite d'un incendie et dotée d'un autel en bronze contemporain à motifs abstraits.

☑ À savoir

▶ Le spectacle multimédia **Et la lumière fut** (tarif plein/senior/enfant 10/9/5 $; ⏱mar-ven 18h30, sam 19h et ven-sam 20h30 tte l'année, plus mar-jeu 20h30 fin juin-sept), d'environ 35 minutes, fait revivre l'histoire de Montréal et de la basilique.

▶ À 100 m de la basilique, le **Vieux Séminaire** (130 rue Notre-Dame Ouest) est toujours occupé par les prêtres de Saint-Sulpice. Construit en 1685, ce manoir est le bâtiment le plus ancien de Montréal.

✖ Une petite faim ?

À 100 m à gauche de la basilique, **Europea Espace Boutique** (☎844-1572 ; www.europea.ca/boutique ; 33 rue Notre-Dame Ouest ; boîte à lunch 11-14 $; ⏱lun-ven 8h-16h30) prépare des "boîtes à lunch" de grande qualité à emporter, avec un menu complet de sandwichs et un savoureux choix de salades.

Nos adresses

	Les incontournables	p. 46
	Voir	p. 53
	Se restaurer	p. 56
	Prendre un verre	p. 59
	Sortir	p. 59
	Shopping	p. 59
	Sports et activités	p. 60

200 m

Voir

Vieux-Port

1 Plan p. 52, C2

Les quatre quais du Vieux-Port forment aujourd'hui un complexe récréatif moderne, se déployant le long des 2,5 km de rives. De nombreux sites jalonnent ses jetées d'où les touristes embarquent pour des croisières fluviales. Par beau temps, sa promenade a la faveur des joggeurs, des cyclistes et des adeptes du roller, tandis que l'on y pratique le patin à glace en plein air l'hiver. (Ⓜ Champ-de-Mars, Place-d'Armes).

Marché Bonsecours

PATRIMOINE HISTORIQUE

2 Plan p. 52, D2

Inauguré en 1847, cet édifice de style néoclassique fut tour à tour une halle de marché agricole, une salle de concerts, le siège du Parlement canadien et l'hôtel de ville. Il abrite désormais des boutiques d'art et d'artisanat québécois, des expositions ainsi que des restaurants donnant sur la rue Saint-Paul. (☎ 872-7730 ; www.marchebonsecours.qc.ca ; 350 rue Saint-Paul Est ; ⊙ tlj 10h-18h ou 21h ; Ⓜ Champ-de-Mars).

Chapelle Notre-Dame-de-Bonsecours

ÉGLISE

3 Plan p. 52, D1

On l'appelle aussi l'"église des marins" à cause de ses ex-voto déposés par des hommes de mer. Le musée Marguerite-Bourgeoys qui s'y rattache raconte l'histoire d'une des premières bienfaitrices de Montréal. La crypte renferme des vestiges archéologiques de la chapelle initiale construite en 1655. (☎ 282-8670 ; www.marguerite-bourgeoys.com ; 400 rue Saint-Paul Est ; tarif plein/senior et étudiant/enfant/famille 10/7/5/20 $; ⊙ mar-dim 10h-18h mai-début oct, 11h-16h reste de l'année, fermé mi-jan à fév, horaire variable fêtes de fin d'année ; Ⓜ Champ-de-Mars).

Comprendre
Ville-Marie, berceau de Montréal

D'abord bourgade amérindienne puis simple carrefour du commerce de la fourrure au XVIIᵉ siècle, la ville se développa plus tard dans un lacis de ruelles sinueuses dominées par les clochers de nombreuses églises et basiliques, témoignant de la présence catholique française. La place Royale occupe l'emplacement du cœur de Ville-Marie, le premier village fortifié à l'origine de Montréal. Des rues pavées de pierres belges (qui servaient autrefois de lest pour les bateaux) y côtoient de vieux bâtiments massifs parmi les plus anciens de la ville.

© PASCAL DUMONT

L'hôtel de ville de Montréal

Tour de l'horloge MONUMENT

4 📍 Plan p. 52, E2

À la lisière est du Vieux-Port, cette tour rend hommage aux marins de la marine marchande morts pendant la Première Guerre mondiale. Les visiteurs peuvent gravir les 192 marches qui mènent au sommet pour profiter d'une vue sur le Vieux-Montréal et le fleuve Saint-Laurent. (quai de l'Horloge ; gratuit ; ⏱10h-19h ; Ⓜ Champ-de-Mars)

Centre d'histoire de Montréal MUSÉE

5 📍 Plan p. 52, B2

Ce petit musée illustre l'histoire de la ville depuis 1642 à l'aide d'expositions multimédias qui placent l'être humain au centre. On peut ainsi écouter des témoignages de vraies personnes dans une cuisine d'autrefois ou voyager dans le temps à travers des séquences d'archives des années 1940 et 1960. Le toit-terrasse offre une vue panoramique. (📞872-3207 ; 335 pl. D'Youville ; tarif plein/senior/étudiant et enfant 6/5/4 $; ⏱mar-dim 10h-17h ; Ⓜ Square-Victoria ; ♿)

Château Ramezay MUSÉE

6 📍 Plan p.52, D1

Ce bâtiment érigé en 1705 est un vestige important de l'époque coloniale qui a rempli diverses fonctions, d'entrepôt de fourrures et d'épices à celle de refuge pour les indépendantistes américains. Transformé depuis 1895 en musée, il présente une histoire exhaustive de Montréal et du Québec, ainsi qu'une collection d'artéfacts amérindiens, de mobilier, de costumes et d'objets usuels des XVIIIe et XIXe siècles. (☎861-3708 ; www.chateauramezay.qc.ca ; 280 rue Notre-Dame Est ; tarif plein/senior/étudiant/enfant/famille 10/9/8/5/22 $; ⊙tlj 10h-18h juin-sept, mar-dim 10h-16h30 oct-mai).

Centre des sciences de Montréal EXPOSITIONS SCIENTIFIQUES

 7 Plan p. 52, C2

Installé dans les anciens hangars au bord de l'eau, le centre présente des expositions virtuelles et interactives dans les domaines scientifique, technologique et industriel. Sur place, un **cinéma IMAX** montre des films saisissants sur la nature et la science. (☎496-4724 ; www.centredessciencesdemontreal.com ; quai King-Edward ; tarif plein/senior et étudiant/enfant 11,50/11,50/8,50 $ taxe non incluse ; ⊙lun-ven 9h-16h, sam-dim 10h-17h).

Hôtel de ville ÉDIFICE

8 Plan p. 52, D1

C'est du balcon de ce bâtiment historique achevé en 1878 que le général de Gaulle s'écria en 1967 "Vive le Québec libre !" devant la foule assemblée. Une petite phrase qui est devenue célèbre. (☎872-3355 ; 275 rue Notre-Dame Est ; ⊙8h-17h lun-ven, visites gratuites 10h-16h, tard juin à mi-août ; Ⓜ Champ-de-Mars)

Comprendre
L'architecte visionnaire

Né à Haïfa (Israël) en 1938, Moshe Safdie est sorti diplômé d'architecture de l'université McGill en 1961 et n'a pas tardé à devenir célèbre. Il n'avait en effet que 23 ans lorsqu'il a dessiné Habitat 67 (p. 56), fondé sur son diplôme de fin d'études. Depuis, il n'a cessé d'imaginer des projets de grande envergure, souvent controversés.

On lui doit notamment le mémorial de l'Holocauste inauguré à Jérusalem en 2005, un ensemble de 4 000 m². Il a également conçu le Vancouver Library Square inspiré du Colisée de Rome et le musée des Beaux-Arts du Canada à Ottawa, doté d'une spectaculaire façade de verre. À Montréal, il est à l'origine du fameux pavillon Jean-Noël Desmarais, l'aile moderne du musée des Beaux-Arts de la ville (p. 24).

Bien qu'il n'y réside plus, Moshe Safdie continue d'être honoré par sa ville d'adoption. Il a ainsi été fait compagnon de l'Ordre du Canada, plus haute distinction accordée par l'État canadien, en 2005.

Olive et Gourmando

Habitat 67 COMPLEXE IMMOBILIER

9 Plan p. 52, C4

Cet ensemble résidentiel conçu par l'architecte Moshe Safdie dans le cadre de l'Exposition universelle de 1967 se dresse sur la bande de terre en saillie située entre le Vieux-Montréal et l'île Sainte-Hélène. Visible depuis le Vieux-Port, il fut conçu afin de servir de modèle d'habitation futuriste et d'héberger les dignitaires étrangers. (www.habitat67.com ; Pointe-du-Havre ; fermé au public ; M Square-Victoria)

Silo n°5 PATRIMOINE INDUSTRIEL

10 Plan p. 52, B4

À l'extrémité ouest du port, cinq gigantesques silos à grain étaient autrefois installés le long des quais. Un seul subsiste, témoignant de l'époque où Montréal était le port

céréalier le plus important au monde. Ce silo impressionne par son imposante structure de métal rouillé et les différents styles de construction qu'il combine. (www.pointedumoulin.ca ; Pointe-du-Moulin ; pas de visite possible ; M Square-Victoria)

Se restaurer

Café Titanic SANDWICHS RÉCONFORTANTS $

11 Plan p. 52, B1

Excellente option à l'heure du déjeuner, le Titanic fait salle comble le midi. Les soupes consistantes, les plats bien mitonnés et les sandwichs généreusement garnis font de nombreux adeptes. Pas de CB. (📞849-0894 ; www.titanicmontreal.com ; 445 rue Saint-Pierre ; plats 10-15 $; ⏰lun-ven 8h-16h ; M Square-Victoria ; 🛜)

Olive et Gourmando
BOULANGERIE-TRAITEUR **$**

12 Plan p. 52, B2

Réputés dans toute la ville, ses plats au four et ses sandwichs garnis d'ingrédients raffinés (truite, fromage frais aux herbes, câpres, épinards et tomates séchées, par exemple) lui valent une très forte affluence à l'heure du déjeuner. (📞350-1083 ; www. oliveetgourmando.com ; 351 rue Saint-Paul Ouest ; plats 10-16 $; 🕙mar-sam 8h-18h ; M Square-Victoria).

Boris Bistro
BISTRO **$$**

13 Plan p. 52, A2

Lieu de rencontre présentant une carte alléchante de salades méditerranéennes, tartares et grillades de gibiers, le tout avec des présentations fignolées. Bonnes options végétariennes. La terrasse est l'une des plus belles de la ville. Attention, les mineurs ne sont pas admis à l'intérieur. (📞848-9575 ; www.borisbistro. com ; 465 rue McGill ; plats 16-26 $; 🕙lun-ven 11h30-23h, sam-dim 12h-23h, fermé sam midi, dim et lun soir hors saison ; M Square-Victoria)

L'Orignal
FRANÇAIS **$$$**

14 Plan p. 52, B1

Une sorte de chalet douillet qui a pour spécialités du gibier et des produits de la mer parfaitement réussis. Le week-end, la salle affiche complet le soir et accueille les fêtards après la fermeture des cuisines. (📞303-0479 ; 479 rue Saint-Alexis ; plats 25-37 $; 🕙18h-23h lun-sam ; M Place-d'Armes)

Garde-Manger
INTERNATIONAL **$$$**

15 Plan p. 52, B2

L'engouement pour le petit restaurant chic du chef Chuck Hughes ne faiblit pas. Il séduit une clientèle à la page qui apprécie son bar à huîtres, son

---

Comprendre
Drapeau, armoiries et emblème

Le drapeau québécois a été adopté le 21 janvier 1948. Sa croix blanche sur fond d'azur rappelle d'anciennes bannières de l'armée française, la croix blanche étant le symbole de la nation chrétienne et le bleu, l'une des couleurs de la monarchie. Les quatre fleurs de lys blanches, qui se répartissent dans chaque case, symbolisent le royaume de France.

   Sur les armoiries du Québec figurent trois fleurs de lys couleur or sur fond azur, souvenir du premier régime politique à l'époque de la Nouvelle-France ; un léopard d'or, symbole de la Couronne britannique ; une branche d'érable à triple feuille, symbole des terres du Canada. Sous l'écu, un listel porte la devise du Québec, *Je me souviens*.

Q 100 % montréalais

Entre le Vieux-Montréal et le centre-ville

Résolument moderne, le quartier autour du square Victoria fait figure de trait d'union entre le Montréal historique et le centre-ville. Il mérite une visite le temps d'admirer quelques curiosités architecturales, notamment la **sculpture-fontaine** de Jean-Paul Riopelle, *La Joute*, sur la très belle place qui porte le nom de l'artiste. La façade du célèbre **hôtel W** se dresse sur le square Victoria, qui a accueilli les campements du mouvement des indignés, et au milieu duquel vous aurez la surprise de découvrir une authentique station de métro parisien de style Art nouveau (en service). Le **Centre de commerce mondial** (angle Saint-Jacques et McGill) vaut le détour pour son long passage vitré et ses éléments décoratifs.

risotto au homard, son succulent crabe des neiges et d'autres plats du jour à dominante de fruits de mer. La salle se transforme en lieu festif après minuit. (☎678-5044 ; 408 rue Saint-Francois-Xavier ; plats 27-45 $; ☺18h-3h mar-dim ; Ⓜ Place-d'Armes)

Le Club Chasse et Pêche

FRANÇAIS $$$

16 🍴 Plan p. 52, D1

L'une des tables les plus originales de Montréal, au décor d'un pavillon

de chasse. On se réjouit de sa carte des vins, de son personnel dynamique et de son menu qui explore, comme l'indique son nom, l'univers des viandes et des produits de la mer, avec parfois des combinaisons décapantes tel le homard et porcelet ! (☎861-1112 ; www.leclubchasseetpeche.com ; 423 rue Saint-Claude ; plats 33-37 $; ☺mar-sam 18h-22h30 ; Ⓜ Champ-de-Mars).

Toqué !

GASTRONOMIE QUÉBÉCOISE $$$

17 🍴 Plan p. 52, A1

Le célèbre chef Normand Laprise s'est fait remarquer grâce à une carte fraîche et innovante qui met à l'honneur les produits du terroir. Le menu dégustation de sept plats permet d'apprécier toute la variété de son talent. (☎499-2084 ; www.restaurant-toque.com ; 900 place Jean-Paul Riopelle ; plats midi et soir 25-48 $, menu dégustation 110 $, 170 $ avec 5 vins ; ☺mar-ven midi, mar-sam soir ; Ⓜ Square-Victoria).

L'Auberge Saint-Gabriel

GASTRONOMIE QUÉBÉCOISE $$$

18 🍴 Plan p. 52, C2

C'est ici que viennent manger les rock stars en tournée et on les comprend : cuisine inventive, généreuse et maîtrisée, décor sombre et contemporain dans une maison tricentenaire... Le style est insolite mais chaleureux, le service plein de délicatesse et la carte des vins somptueuse. Menu découverte de 8 plats (95 $/personne) avec accord mets-vins (supplément 65 \$). (☎878-3561 ; www.aubergesaint-gabriel.com ; 426 rue Saint-Gabriel ; menus midi 25-34 \$, plats soir 30-49 \$; ☉mar-ven 11h30-15h, mar-sam 18h-22h ; Ⓜ Square-Victoria).

Prendre un verre

Pub Saint-Paul
PUB

 19 Plan p. 52, C2

Situé au cœur de l'artère la plus touristique du Vieux-Montréal, ce pub rock a la cote auprès des étudiants, des sportifs et des gens de passage. Menus de qualité. Groupes les soirs de week-end. (☎874-0485 ; 124 rue Saint-Paul Est ; ☉11h-3h ; Ⓜ Champ-de-Mars)

Suite 701
BAR

20 Plan p. 52, B1

Ce bar aéré et recouvert de marbre a élu domicile dans l'ancien hall du très sélect hôtel Place d'Armes, lui-même aménagé dans une ancienne banque. Il attire une clientèle très "business", sur son trente et un. (☎904-1201 ; 701 côte de la Place-d'Armes ; ☉17h-3h ; Ⓜ Place-d'Armes)

Sarah B
LOUNGE À TAPAS

21 Plan p. 52, B1

Nommé en l'honneur de Sarah Bernhardt, ce lounge chic et feutré est un bistro à tapas mais surtout un voluptueux bar à absinthe. Installé dans l'enceinte de l'hôtel Intercontinental, c'est une adresse

intimiste et insolite. (☎847-8729 ; 360 rue Saint-Antoine Ouest ; ☉tlj 16h-minuit ; Ⓜ Square-Victoria)

Sortir

Les Deux Pierrots
BOÎTE À CHANSONS

 22 Plan p. 52, C2

Un établissement fréquenté par des chansonniers québécois et les groupes rock-folk depuis près de 30 ans. Ici, musique et bière font bon ménage. Les grandes salles ont vue sur le Vieux-Port. (☎861-1270 ; www.2pierrots.com ; 104 rue Saint-Paul Est ; ☉ven-sam ; Ⓜ Champ-de-Mars)

Wunderbar
CLUB-LOUNGE

23 Plan p. 52, A1

Le bar jet-setteur à la new-yorkaise de l'hôtel W voit affluer les clubbeurs branchés lors de ses soirées DJ hebdomadaires. (☎395-3195 ; 901 square Victoria ; ☉22h-3h mer-sam ; Ⓜ Square-Victoria)

Shopping

Diffusion Griff
MODE

 Voir 2 Plan p. 52, D2

Les trouvailles mode de cette boutique sont exclusivement issues de designers québécois, en plus des créations de la propriétaire Anne de Shalla. (☎398-0761 ; marché Bonsecours, 350 rue Saint-Paul Est ; Ⓜ Champ-de-Mars)

Librissime
LIVRES

24 🔒 Plan p. 52, C2

Cette librairie avenante importe des ouvrages du monde entier. Les clients sont invités à enfiler les gants blancs mis à disposition pour manipuler les livres, dont certains gros volumes coûtent plus de 1 000 $. (📞841-0123 ; 62 rue Saint-Paul Ouest ; Ⓜ Place-d'Armes)

L'Empreinte coopérative
ARTISANAT

25 🔒 Plan p. 52, C2

Espace de diffusion proposant une sélection d'art québécois, du haut de gamme au petit souvenir. (📞861-4427 ; www.lempreintecoop.com ; 88 rue Saint-Paul Est ; Ⓜ Place-d'Armes)

Galerie Le Chariot
GALERIE

26 🔒 Plan p. 52, C1

Cette galerie se vante de posséder la plus importante collection d'art inuit du Canada, en particulier des sculptures en stéatite. (📞875-4994 ; 446 pl. Jacques-Cartier ; Ⓜ Champ-de-Mars)

Sports et activités

Croisières AML
CROISIÈRES

27 🚲 Plan p. 52, C3

Le *Cavalier Maxim*, un navire aux baies vitrées pouvant accueillir plus de 800 passagers, se rend près des îles de Boucherville et revient au Vieux-Port, offrant un beau point de vue sur la ville depuis le fleuve. (📞842-9300

ou 1-800-563-4643 ; www.croisieresaml.com ; quai King-Edward ; excursion 1 heure 30 adulte/enfant 29/16 $, 1 heure 25/13 $; ⏰mai à mi-oct ; Ⓜ Place-d'Armes).

Ça Roule Montréal
CYCLES

28 🚲 Plan p. 52, C2

Location de vélos, tandems, rollers et équipements associés près du Vieux-Port. Tours de ville à vélo (65 $/4 heures, nombreuses randonnées thématiques 22-50 $). (📞866-0633 ; www.caroulemontreal.com ; 27 rue de la Commune Est, Vieux-Port ; location à partir de 8/9 $/heure en semaine/week-end ; ⏰tlj 9h-20h avr-oct ; Ⓜ Place-d'Armes).

Calèches
TOURS

29 🚲 Plan p. 52, B1

Il s'agit certes d'une attraction pour touristes, mais pourquoi ne pas parcourir en voiture à cheval les rues pavées du Vieux-Montréal ? Disponibles toute l'année, les cochers vous raconteront en prime l'histoire de la ville. D'autres calèches attendent au bord de l'eau près de la place Jacques-Cartier. (Place d'Armes ; 30 min/1 heure 45/75 $; Ⓜ Place-d'Armes).

Parc du bassin Bonsecours
BATEAU OU PATIN À GLACE

30 🚲 Plan p. 52, D2

À l'est du quai Jacques-Cartier se trouve une étendue d'herbe entourée d'une voie d'eau et sillonnée de passerelles. L'hiver, la location de petits

© PASCAL DUMONT

Flânerie sur le Vieux-Port

pédalos (20 $/30 min) cède la place au patin à glace sur surface naturelle ou artificielle (adulte/enfant 6/4 $, location de patins 8 $). (📞465-0594 ; www.ecorecreo.ca ; ⊘tlj ; Ⓜ Champ-de-Mars).

Saute-Moutons   JET-BOAT

31 ✪ Plan p. 52, D3

Au départ du quai de l'Horloge ou du quai Jacques-Cartier, des bateaux à propulsion effectuent des descentes d'une heure dans les eaux bouillonnantes des rapides de Lachine. Poussée d'adrénaline garantie ! Vous devrez choisir entre le Zodiac *Jet Boating* (quai Jacques-Cartier ; adulte/13-18 ans/6-12 ans 25/20/18 $) ou le bateau *Saute-Moutons* (quai de l'Horloge ; adulte/13-18 ans/6-12 ans 60/50/40 $). (📞284-9607 ; www.jetboatingmontreal.com ; 47 rue de la Commune Ouest ; ⊘tlj 10h-18h mai à mi-oct ; Ⓜ Place-d'Armes).

Bateau-mouche   CROISIÈRE

32 ✪ Plan p.52, D2

Excursion guidée paisible sur le fleuve depuis les quais du Vieux-Port. (📞849-9952 ou 1-800-361-9952 ; www.bateaumouche.ca ; quai Jacques-Cartier ; excursion 1 heure 30 adulte/enfant 27/14 $, dîner-croisière 90-95 $; ⊘mi-mai à mi-oct ; Ⓜ Champ-de-Mars).

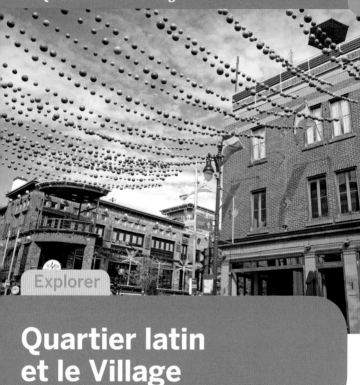

Explorer

Quartier latin et le Village

Le Quartier latin est le centre névralgique de la vie culturelle francophone. Avec ses milliers d'étudiants, l'Université du Québec à Montréal en forme l'épicentre et lui insuffle sa vitalité. Le Village est l'un des plus grands quartiers gays du monde, regorgeant de restaurants, boutiques et lieux nocturnes variés s'articulant autour de la rue Sainte-Catherine.

L'essentiel en un jour

Depuis la station de métro Berri-UQAM, remontez la rue Berri pour découvrir l'architecture de la **Grande Bibliothèque** (p. 65). Continuez ensuite jusqu'à la rue Ontario, que vous prendrez à droite pour vous rendre à l'**écomusée du Fier Monde** (p. 65) qui vous aidera à comprendre la réalité et l'évolution de ce quartier populaire. Repartez vers le sud pour rejoindre la rue Sainte-Catherine et plonger au cœur du Village, avec ses boutiques spécialisées et notamment **Priape** (p. 71), un sex-shop gay. Pour le déjeuner, testez l'un des succulents sandwichs santé du **1000 grammes** (p. 65).

Reprenez la rue Sainte-Catherine dans l'autre sens jusqu'à la librairie **Archambault** (p. 70), où vous pourrez faire le plein de CD, DVD et livres québécois. Vous passerez alors entre les différents pavillons de l'**Université du Québec à Montréal** (p. 65), dont celui qui intègre les restes de l'église Saint-Jacques à son architecture. En remontant la rue Saint-Denis, vous apercevrez son clocher. Arrêtez-vous chez **Juliette et Chocolat** (p. 66) pour un petit goûter ou une boisson chaude. Enfin, faites un arrêt au **Randolph** (p. 67), le temps d'un jeu ou d'un apéritif.

Passez prendre une bouteille de vin à la **SAQ** (p. 67) ou dans un supermarché avant de vous rendre au **Mozza** (p. 66) ou **O'Thym** (p. 67).

♥ Le meilleur du quartier

"Apportez votre vin"
Mozza (p. 66)
O'Thym (p. 67)

Cocktails
La Distillerie (p. 67)
Saloon (p. 68)

Culture gay
Le Drugstore (p. 69)
Priape (p. 71)
Cabaret Mado (p. 69)
Unity II (p. 70)

Comment y aller

🚌 **Bus** La gare centrale d'autobus de Montréal se trouve à quelques pas au nord de la station de métro Berri-UQAM. Le bus n° 747 en provenance de l'aéroport Trudeau fait un arrêt à la station de métro Lionel-Groulx.

Ⓜ **Métro** Les lignes de métro verte et orange se croisent à la station Berri-UQAM, cœur du quartier. Le village gay s'étend depuis cette dernière vers l'est, aux stations Beaudry et Papineau.

Voir

Écomusée du Fier Monde

HISTOIRE

1 ⦿ Plan p. 64, B2

Aménagé dans de superbes bains publics reconvertis, ce musée explore l'histoire du Centre-Sud qui fut un quartier industriel jusqu'aux années 1950 et fait désormais partie du Village. Outre ses installations permanentes très bien conçues, il accueille fréquemment des expositions d'art contemporain. (☎528-8444 ; http://ecomusee.qc.ca ; 2050 rue Amherst ; tarif plein/étudiant, senior et enfant 8/6 $; ☉11h-20h mer, 9h30-16h jeu et ven, 10h30-17h sam-dim ; Ⓜ Berri-UQAM)

Écomusée du Fier Monde

Grande Bibliothèque

BIBLIOTHÈQUE

2 ⦿ Plan p. 64, A3

Édifice lumineux dont l'architecture exploite les contrastes du bois et du verre, cette bibliothèque est un lieu culturel animé et prisé. Son aménagement convivial, ses confortables espaces de lecture et de visionnage et sa technologie de pointe ont rapidement séduit les Montréalais. Des événements littéraires, souvent gratuits, y ont lieu chaque semaine. (☎873-1100 ; www.bnquebec.ca ; 475 bd De Maisonneuve Est ; ☉mar-ven 10h-22h, sam-dim 10h-17h)

Université du Québec à Montréal

UNIVERSITÉ

3 ⦿ Plan p. 64, A3

En dehors du clocher néogothique de l'**église Saint-Jacques** intégré à la façade, les bâtiments de cette université francophone ne brillent guère par leur architecture. Elle présente la particularité de s'intégrer entre le Quartier des spectacles et le Village sans s'agglutiner en campus. (☎596-3000 ; 405 rue Sainte-Catherine Est ; Ⓜ Berri-UQAM)

Se restaurer

1000 grammes

CAFÉ $

4 ✖ Plan p. 64, D3

La maison a pour spécialité les gâteaux crémeux et des tartes parfumés au Grand Marnier ou d'autres liqueurs, ainsi que des sandwichs au pain de seigle noir, des salades et divers en-cas. Parfait pour prendre un café et une pâtisserie à n'importe quel moment de la journée. (📞596-3933 ; www.1000grammes.com ; 1495 rue Sainte-Catherine Est ; plats 6-12 $; ⏱11h-23h30 dim-jeu, jusqu'à 0h30 ven-sam ; Ⓜ Papineau)

Soupe Soup
BAR À SOUPES $

 5 🍴 Plan p.64, A4

Soupes réconfortantes, sandwichs originaux et bons petits desserts. (📞380-0880 ; www.soupesoup.com ; 80 av. Duluth Est ; menu 8-10 $; ⏱tlj 11h30-17h ; Ⓜ Berri-UQAM)

Juliette et Chocolat
BAR À CHOCOLAT $

6 🍴 Plan p. 64, A3

Maîtresse crêpière et chocolatière, Juliette tient un bar à chocolat offrant une sélection gourmande de crêpes sucrées, desserts chocolatés et chocolats à boire. Au menu également : des salades et galettes bretonnes salées. (📞287-3555 ; www.julietteetchocolat.com ; 1615 rue Saint-Denis ; plats 9-15 $; ⏱dim-jeu 11h-23h, ven-sam 11h-minuit ; Ⓜ Berri-UQAM)

Le Commensal
VÉGÉTARIEN $$

7 🍴 Plan p. 64, A2

Pionnier dans la cuisine végétarienne, il propose une bonne cuisine présentée sous forme de buffet vendue au poids, avec des plats au four

© PASCAL DUMONT

Le Commensal

(lasagnes, ragoût, *quesadillas*), des salades et des desserts. (📞845-2627 ; www.commensal.com ; 1720 rue Saint-Denis ; prix maximum 15-18 $/pers ; ⏱11h-22h30 ; Ⓜ Berri-UQAM)

Mozza
ITALIEN $$

8 🍴 Plan p. 64, C4

L'un des secrets les mieux gardés du Village, cosy et à l'écart, qui propose de délicieuses salades César, des pâtes (goûtez les *penne* sauce rosée à la vodka) et de fines pizzas. Réservation recommandée. On peut apporter son vin. (📞522-4116 ; www.restaurantmozza.ca ; 1208 rue Sainte-Catherine Est ; plats 20-26 $; table d'hôte 29 $; ⏱17h-22h mar-dim ; Ⓜ Beaudry)

Au Petit Extra

BISTRO $$$

9 Plan p. 64, D2

Un bistro aux allures de brasserie française classique, où les plats et les vins sont affichés à l'ardoise et les serveurs s'affairent dans une ambiance décontractée. Quelques belles surprises au menu (tentez le râble de lapin farci) et ambiance fort sympathique. Une adresse qui vaut le détour. (☑527-5552 ; 1690 rue Ontario Est ; menu midi 15-20 $, plats 21-28 $; ☺lun-ven 11h30-14h30, lun-mer 17h30-22h, jeu-sam 17h30-22h30, dim 17h30-21h30 ; Ⓜ Papineau)

O'Thym

FRANÇAIS $$$

10 Plan p. 64, C3

L'une des meilleures adresses "Apportez votre vin" de Montréal.

100 % montréalais
Société des alcools du Québec

Outre les supermarchés et les "dépanneurs" (épiceries), on trouve les boissons alcoolisées à la Société des alcools du Québec ou **SAQ**, monopole d'État pour les spiritueux. On y trouve un personnel bien formé pour vous conseiller sur l'achat d'un vin, de même qu'un certain nombre de produits québécois spécialisés. Si vous tentez l'expérience "Apportez votre vin", sachez qu'il y a deux SAQ dans le Village (866 et 1250 Sainte-Catherine Est ; ☺jusqu'à 21h lun-ven, 20h sam et 19h dim).

Le service y est irréprochable. Vous y trouverez une salle à manger à l'élégance discrète et des grillades de gibier et de fruits de mer bien présentées. (☑525-3443 ; 1112 bd De Maisonneuve Est ; plats 24-33 $; ☺11h30-14h mar-ven, 18h-23h tlj ; Ⓜ Beaudry)

Prendre un verre

Le Cheval Blanc

MICROBRASSERIE

11 Plan p. 64, B2

Première microbrasserie de la métropole, elle demeure un lieu de rencontre prisé pour son atmosphère intimiste dans les tons rouges, mais aussi pour sa sélection de bières qui ne déçoit pas. (☑522-0211 ; www.lechevalblanc.ca ; 309 rue Ontario Est ; ☺15h-3h ; Ⓜ Berri-UQAM)

La Distillerie

PUB À COCKTAILS

12 Plan p. 64, A2

À mi-chemin entre le pub et le bar à cocktails, la Distillerie sert ses "drinks" dans des pots "Mason", semblables à des pots de confiture. Il est très populaire : il faut parfois y faire la queue, surtout le week-end. (☑288-7915 ; www.pubdistillerie.com ; 300 rue Ontario Est ; ☺16h-3h ; Ⓜ Berri-UQAM)

Le Randolph

PUB LUDIQUE

13 Plan p. 64, A2

Le dernier chouchou du Quartier latin, c'est ce pub, qui est en

La terrasse du Saint-Sulpice

fait une véritable ludothèque. Il est assez facile d'y faire des rencontres et de se joindre à un petit groupe pour y tester un nouveau jeu de société ou pour revivre un jeu classique, le tout accompagné d'une bonne bière québécoise. (📞419-5001 ; 2041 rue Saint-Denis ; entrée 5 \$; 🕐16h-1h lun-jeu, sam 12h-2h et dim 12h-1h ; Ⓜ Berri-UQAM)

Le Saint-Sulpice BAR

14 🚇 Plan p. 64, A3

Un fief estudiantin pop-rock qui ne prend pas une ride et s'étend sur trois étages dans une vieille demeure en pierre d'époque victorienne. Café, terrasses, discothèque (ouverte dès 22h) et vaste jardin à l'arrière pour profiter au mieux des chaudes soirées d'été. (📞844-9458 ; www.lesaintsulpice.ca ; 1680 rue Saint-Denis ; 🕐12h-3h ; Ⓜ Berri-UQAM)

Le Saloon RESTO-BAR

15 🚇 Plan p. 64, C3

Ce bar-bistro gay réaménagé depuis peu a gagné les cœurs du Village grâce à son atmosphère décontractée, ses cocktails et sa carte des cinq continents, de grande qualité (délicieuses options végétariennes). (☎522-1333 ; www.lesaloon.ca ; 1333 rue Sainte-Catherine Est ; ⏰11h30-23h lun-ven, 10h-minuit sam et 10h-22h30 dim ; Ⓜ Beaudry)

Stud Bar
BAR

16 Ⓟ Plan p. 64, E4

Ce lieu de drague du Village n'offre guère de vue sur l'extérieur, mais il ne manque pas d'hommes de tous styles en quête de partenaires d'un soir. Les femmes n'y sont pas bienvenues. (☎598-8243 ; www.studbar. com ; 1812 rue Sainte-Catherine Est ; ⏰15h-3h tlj ; Ⓜ Papineau)

Sortir

Bistro à Jojo
MUSIQUE LIVE

Voir 6 Ⓜ Plan p. 64, A3

Des groupes qui ne déçoivent pas jouent chaque soir dans ce temple du blues et du rock, en français ou en anglais, dans une ambiance festive et arrosée. (☎843-5015 ; www.bistroajojo. com ; 1627 rue Saint-Denis ; ⏰13h-3h, concerts à 22h environ tlj ; Ⓜ Berri-UQAM)

Cabaret Mado
CABARET

17 ⭐ Plan p. 64, C3

Véritable institution locale, Mado programme le mardi soir et le week-end des spectacles de drag-queens à l'humour sarcastique et aux costumes extravagants. (☎525-7566 ; www.mado.qc.ca ;

1115 rue Sainte-Catherine Est ; ⏰15h-3h ; Ⓜ Beaudry)

Le Drugstore
CLUB GAY

18 ⭐ Plan p. 64, D4

Un espace gigantesque sur sept étages avec neuf bars à thème, des boutiques, un vaste coin traiteur et une discothèque au sous-sol. Les terrasses sur le toit sont très prisées l'été. C'est une boîte mixte ; gays et lesbiennes se partagent le terrain. (☎524-1960 ; www.le-drugstore.com ; 1366 rue Sainte-Catherine Est ; ⏰10h-3h ; Ⓜ Beaudry)

Le Stereo
AFTER

19 ⭐ Plan p. 64, B4

Lieu de prédilection des DJ, souvent européens et new-yorkais, cet *afterhour* est équipé de l'un des meilleurs systèmes de son en Amérique ! Il est fréquenté par la

À savoir

Bienvenue aux hommes

Bien que certains se disent plus ouverts envers les femmes, les bars et discothèques du Village gay sont très axés sur une clientèle masculine. Ceux destinés exclusivement aux femmes n'ont jamais réussi à perdurer dans le quartier, fermant systématiquement après quelques années seulement. Les femmes fréquentent désormais les établissements *gay friendly* du Mile-End (voir p. 164).

© PASCAL DUMONT

La vitrine de Priape

jeune clientèle gay et les mordus de house. (286-0325 ; www.stereo-nightclub.com ; 858 rue Sainte-Catherine Est ; ⊘1h-10h ven-sam ; MBerri-UQAM

Unity II
CLUB GAY

20 ⭐ Plan p. 64, C3

Club sur deux étages qui attire une clientèle variée dans ses 3 salles, son salon VIP et sa belle terrasse sur le toit. Dance, R&B et house music. (☑523-2777 ; www.clubunitymontreal.com ; 1171 rue Sainte-Catherine Est ; ⊘22h-3h ven-sam ; MBeaudry)

Usine C
THÉÂTRE-DANSE

21 ⭐ Plan p. 64, C2

Théâtre expérimental, performances d'arts visuels et danse contemporaine. (☑521-4493 ; www.usine-c.com ; 1345 av.

Lalonde ; ⊘billetterie 12h-18h mar-sam ; MBeaudry)

Shopping

Archambault
LIVRES ET MUSIQUE

22 🔒 Plan p. 64, B4

Parmi les plus anciens de Montréal, ce grand magasin de livres et de disques vend des enregistrements quasi introuvables hors du Québec. Instruments de musique à l'étage. (☑849-6202 ; www.archambault.ca ; 500 rue Sainte-Catherine Est ; MBerri-UQAM)

Osez
MODE HOMME

23 🔒 Plan p. 64, C4

Boutique proposant une gamme de vêtements simples, colorés et

Best-of musical des 20 dernières années

▶ Les Colocs, *Les Colocs* (1993). La critique sociale, l'énergie débridée et la drôlerie qui caractérisent ce groupe très populaire apparaissent clairement dans son premier album.

▶ Daniel Bélanger, *Quatre Saisons dans le désordre* (1996). Un univers qui mélange jazz et folk en y ajoutant quelques notes avant-gardistes.

▶ Jean Leloup, *Le Dôme* (1996). La superstar des auteurs-compositeurs québécois, que l'on compare parfois à Lou Reed, au mieux de sa forme.

▶ Arcade Fire, *Funeral* (2004). L'album des débuts de ce groupe de rock indé révolutionnaire est considéré à ce jour comme son meilleur.

▶ Pierre Lapointe, *La Forêt des mal-aimés* (2006). Jeune Québécois auteur-compositeur-interprète, Lapointe compose une musique superbe et ouvre la voie à une nouvelle génération.

▶ Bernard Adamus, *Brun* (2009). Une poésie brute, parfois cynique, parfois humoristique, toujours déjantée.

▶ Ariane Moffatt, *Le Cœur dans la tête* (2006). Découverte en 2002, la chanteuse en est à son 4e album, renouvelant sans cesse le style de sa pop électro et multipliant les collaborations.

abordables mais tout de même très tendance. Service conseil personnalisé réputé. (☎521-2004 ; www.boutiqueosez. com ; 1320 rue Wolfe ; Ⓜ Beaudry)

Priape   SEX-SHOP

24 🔒 Plan p. 64, C3

Le plus grand sex-shop gay de Montréal doit son succès à son style moderne et autoparodique. Les articles érotiques habituels (DVD, livres, magazines...) côtoient des jeans moulants, des accessoires en cuir noir et tout un attirail émoustillant.

(☎521-8451 ; www.priape.com ; 1311 rue Sainte-Catherine Est ; Ⓜ Beaudry)

Evolution   MODE HOMMES

25 🔒 Plan p. 64, D3

Implantée dans le Village depuis plus de dix ans, cette boutique mode aux prix abordables présente des collections aux styles audacieux, urbains et sexy à la fois, dans la vague casual chic très tendance. (☎597-2310 ; www.evolutionhomme.com ; 1381 rue Sainte-Catherine Est ; ⊙10h-18h lun-mer, 10h-21h jeu-ven, 10h-17h sam-dim ; Ⓜ Beaudry)

Explorer

Plateau Mont-Royal

À l'est du verdoyant parc du Mont-Royal, les rues pittoresques
du Plateau inspirent les écrivains et les cinéastes comme aucun
autre coin de Montréal. Ouvrier à l'origine, ce secteur est devenu
un repaire d'artistes dans les années 1960 et 1970. Les principales
artères abritent quantité de cafés en terrasse, de restaurants et de
commerces.

L'essentiel en un jour

☀ Commencez par vous rendre au belvédère Kondiaronk dans le **parc du Mont-Royal** (p. 76) pour profiter du panorama sur le centre-ville avant que la foule ne s'y presse. Descendez à pied jusqu'à la statue et empruntez l'avenue du Parc sur la gauche. L'**avenue du Mont-Royal** (p. 75) regorge de petites boutiques de designers québécois et de brocanteurs. Continuez tout droit passé la rue Saint-Denis pour dénicher une occasion chez les disquaires et les bouquinistes, avant de piquer au sud pour faire une pause déjeuner à la **Banquise** (p. 82) et découvrir la poutine.

☀ Alourdi par ce repas peu diététique, vous irez vous mêler aux Montréalais qui se prélassent sur les pelouses du **parc Lafontaine** (p. 75), à moins qu'il y ait un spectacle en plein air gratuit au Théâtre de verdure. Explorez ensuite l'architecture typique de rues du quartier en chemin vers les maisons victoriennes du **carré Saint-Louis** (p. 78). Gagnez le **boulevard Saint-Laurent** (p. XXX) par la rue piétonnière Prince-Arthur, puis découvrez les **friperies** (p. 91) et les boutiques mode du quartier.

☽ Après un dîner roboratif au **Pied de Cochon** (p. 84), rendez-vous au **Réservoir** (p. 87) pour prendre un verre avant de danser dans l'un des nombreux clubs de "la Main".

👁 Les incontournables

🖤 Le meilleur du quartier

Comment y aller

Ⓜ **Métro** La ligne orange traverse le quartier sur l'axe nord-sud (stations Sherbrooke, Mont-Royal et Laurier). Sur la ligne verte, les stations Saint-Laurent et Place-des-Arts permettent l'accès à la portion ouest. Prenez ensuite les bus n° 55 ou 80 respectivement.

Les incontournables
Plateau Mont-Royal

Très apprécié des Montréalais, le Plateau égrène le long de ses boulevards une kyrielle de restaurants et de bars, fréquentés par une population bigarrée, plutôt jeune et sémillante. Il jouit en outre d'une scène artistique en plein essor. Son charme réside surtout dans ses jolies petites rues à l'ombre des arbres, dont les maisons victoriennes à deux étages s'agrémentent de balcons en fer forgé et d'escaliers extérieurs tournants.

◉ Plan p. 80, C2

www.bonjourplateau.com

Délimité par la rue Sherbrooke au sud, d'Iberville à l'est, le bd Laurier au nord et la rue Saint-Urbain à l'ouest.

Ⓜ Sherbrooke, Mont-Royal et Laurier

Façades du Plateau Mont-Royal

À ne pas manquer

Les grandes artères

L'intersection de la rue Saint-Denis et de l'avenue du Mont-Royal est le centre névralgique du quartier. Ces artères possèdent leur lot de cafés, de brasseries de style européen et de boutiques colorées, des vêtements vintage aux bouquinistes et disquaires d'occasion.

"La Main"

Le bd Saint-Laurent est le royaume des noctambules avec ses bars, lounges et salles de concerts. On y trouve aussi les boutiques et épiceries du "Petit Portugal", entre l'avenue des Pins et la rue Marianne.

Parc Lafontaine

Au sud-est du quartier, ce grand parc arboré accueille les citadins pendant les mois chauds auprès de ses bassins agréables et sur ses sentiers pédestres. L'ambiance est à la détente sur toutes les pelouses, notamment près du **Théâtre de verdure** qui affiche une programmation estivale riche (musique, danse, théâtre et films) et gratuite.

Devantures et escaliers

Qu'il fait bon flâner dans les petites rues du Plateau ! Souvent rénovées, serrées les unes contre les autres, les façades ont gardé leur cachet d'antan. Parmi les rues les plus agréables (entre l'avenue du Mont-Royal et la rue Rachel), citons la rue Rivard, la rue de Mentana et la rue Gilford.

☑ À savoir

▶ Le quartier attire une population d'expatriés français toujours plus grande, surtout dans sa portion est. Historiquement juive et portugaise, la population de la portion ouest est beaucoup plus diversifiée et fréquentée par les anglophones.

✗ Une petite faim ?

Recouverte de pavés, la **rue Duluth** (entre la rue Saint-Denis et le bd Saint-Laurent) est réputée pour ses restaurants "Apportez votre vin" (voir p. 152) aux saveurs ethniques diversifiées : grec, libanais, afghan...

Les incontournables
Parc du Mont-Royal

Les Montréalais sont fiers de leur "montagne", le plus beau et le plus vaste espace vert de la ville : une centaine d'hectares, 60 000 arbres et une ribambelle d'écureuils... Culminant à 232 m, le parc fournit un cadre magique pour des activités telles que jogging, vélo, pique-nique et jeu de frisbee, sans oublier la danse endiablée au son des percussions tous les dimanches. L'hiver, place au patinage sur le lac aux Castors, aux promenades en traîneau dans la neige, à la luge et au ski de fond.

⊙ Plan p. 80, A3

www.lemontroyal.qc.ca

Accessible depuis l'avenue du Parc, l'avenue des Pins, le chemin de la Côte-des-Neiges, le chemin Remembrance et la voie Camillien-Houde.

Ⓜ Mont-Royal puis 🚌11 pour aller au cœur du parc, ou Ⓜ Place-des-Arts et 🚌80 pour rejoindre le monument au pied de la montagne

Un dimanche au parc Mont-Royal

À ne pas manquer

Belvédères

Sillonné de sentiers, le parc comporte plusieurs belvédères, surtout sur le flanc est de la montagne. En surplomb de l'université McGill et tout près du chalet du parc se trouve le belvédère Kondiaronk, offrant le plus beau panorama sur les gratte-ciel du centre-ville.

Lac aux Castors

Plan d'eau artificiel de 200 m de long sur 150 de large, le lac se transforme en patinoire l'hiver. Le pavillon du lac est un bâtiment marquant de l'architecture moderne au Québec.

La Croix du Mont-Royal

Érigée en 1924 en l'honneur du sieur de Maisonneuve, fondateur de Montréal, elle est illuminée la nuit et considérée comme un symbole de la ville.

Tam-tams du Mont-Royal

Le dimanche en été, les Montréalais flânent par milliers sur la pelouse du parc tandis qu'un groupe de percussionnistes se forme spontanément au pied du monument à sir George-Étienne Cartier (rue du Parc, face à la rue Rachel). Un peu plus haut s'entraînent acrobates et jongleurs, ainsi qu'un curieux groupe de combattants armés d'épées en mousse (http://guerriers.webs.com/).

Cimetières

Plus de la moitié de la montagne est occupée par des cimetières où reposent de nombreuses célébrités québécoises. Le plus vaste, le cimetière catholique Notre-Dame-des-Neiges, possède 55 km de sentiers et s'étend sur près de 140 ha. Le cimetière protestant Mont-Royal occupe une soixantaine d'hectares. Deux petits cimetières juifs complètent l'ensemble.

☑ À savoir

▶ Si vous êtes en voiture, vous trouverez des parkings près du lac des Castors, au belvédère Camillien-Houde et à 700 m du chalet du parc, près du chemin Remembrance.

✗ Une petite faim ?

Café cosy et attachant, **Le Santropol** (☎842-3110 ; www.santropol.com ; 3990 rue Saint-Urbain ; plats et sandwichs 6-13 $; ☺tlj 11h30-22h ; Ⓜ Saint-Laurent puis 🚍55) propose une carte rafraîchissante, bio et santé, avec de belles options végétariennes et un café équitable. Son grand jardin incite à la détente et ses sandwichs à 3 étages sont fort créatifs.

100% montréalais
Autour du Carré Saint-Louis

Destiné à des familles bourgeoises francophones, le square fut créé en 1876 grâce au comblement d'un réservoir. Charmant espace vert flanqué de belles demeures victoriennes aux toitures colorées, il est agrémenté d'une fontaine d'époque en fonte. Il devint dans les années 1970 le repaire d'artistes et poètes québécois parmi les plus réputés. On y rencontre encore aujourd'hui des poètes itinérants qui troquent leurs vers polycopiés contre quelques pièces.

❶ **Institut de tourisme et d'hôtellerie du Québec**
En sortant de la station de métro Sherbrooke, vous êtes dos à l'ITHQ, centre de formation relevant de l'Éducation nationale, qui occupe la totalité du pâté de maisons. On y enseigne les métiers de l'hôtellerie dans un hôtel et un **restaurant gastronomique** (☎282-5161 ; 3535 rue Saint-Denis ; menu midi 19 $, plats 25-32 $, menu découverte 4 plats 48 $;

⊙tlj matin, lun-sam midi et soir) dont la qualité est réputée.

❷ Des cafés, des thés

Le Plateau regorge de petits cafés où les étudiants et les travailleurs indépendants viennent faire le plein de caféine devant leur ordinateur portable. **La Petite Cuillère** (☎507-4317 ; www.petitecuillere.com ; 3603 rue Saint-Denis ; ⊙7h30-19h lun-mar, 7h30-21h mer, 7h30-22h jeu-ven, 8h-18h30 sam-dim) en est un exemple représentatif, très cosy. Trois maisons plus loin se trouve **Otaku Manga Lounge** (☎879-0135 ; www.otakulounge.com ; 3623 rue Saint-Denis ; ⊙11h-23h mar-dim), une petite librairie spécialisée dotée d'un espace où le *bubble tea* (thé au tapioca) est à l'honneur.

❸ Sculptures

La statue de bronze d'Octave Crémazie, poète et homme de lettres, a la place d'honneur dans le square, mais ce sont les sculptures abstraites d'Armand Vaillancourt qui intriguent. Les trois pièces de métal industriel récupéré alignées représentent la Sainte-Trinité. Deux autres œuvres de Vaillancourt sont exposées dans cette portion du parc.

❹ 336 Square Saint-Louis

Anciennement la demeure de la chanteuse Pauline Julien et du poète Gérald Godin, cette maison de 1885 est célèbre pour son poème mural *Lettre à Jean Drapeau*, qu'il convient de déchiffrer à voix haute : "léziyeudanlézyeux léchfeudanléchfeu"... Faites-vous aider d'un passant au besoin !

❺ Kiosque de pierre

Servant de petit comptoir de vente de crème glacée l'été, le kiosque du square était à l'origine l'une des rares vespasiennes de la ville, construite durant la grande dépression. Il n'est pas rare qu'un musicien classique y joue, souvent de la harpe ou du violoncelle. Non loin de là, le buste du poète Émile Nelligan rappelle qu'il vivait lui aussi dans le quartier avant son internement en 1899, à l'âge de 20 ans seulement.

❻ Maisons cossues

Au n° 3470 de l'avenue Laval, une magnifique maison à mansarde de cuivre et colonnes corinthiennes de granit mêle plusieurs styles architecturaux. À quelques pas, au n° 3492, la Maison des écrivains fut jadis le lieu de résidence du cinéaste Claude Jutra. Au 3500, la maison du notaire Marances de Rosay se démarque du lot. De style Queen Ann, elle abrite désormais le siège social des Scouts de Montréal.

❼ La rue Prince-Arthur

L'une des rares rues piétonnières de la ville, la rue Prince-Arthur est le théâtre de nombreux musiciens de rue. On y retrouve de charmantes boutiques, des restaurants "Apportez votre vin" et enfin le Café Campus (p 88).

A 20

Av du Parc

Rue Jeanne-Mance

Rue Villeneuve Ouest

B

5 24

C

Rue Villeneuve Est

D

Av de l'Esplanade

Rue St-Urbain

1

Bd St-Laurent

Rue St-Dominique

7
4

Av Coloniale

Rue de Bullion

Av de l'Hôtel-de-Ville

Rue Gifford

Rue Drolet

10

Rue St-Denis

Rue Rivard

Av du Mont-Royal Ouest

23

Plateau
Mont-Royal

16

24
28
33

Av de l'Esplanade

31

38

Rue de Bullion

Av Laval

Av Henri-Julien

44

2

26

Rue Clark

Parc du
Portugal

Rue Marie-Anne Est

27

Rue Rachel Ouest

Parc des
Amériques

Av de l'Hôtel-de-Ville

40

Monument
à Georges-Étienne-
Cartier

1

15

Vers le belvédère du chalet
du parc du Mont-Royal (800 m)
et le lac aux Castors (1,4 km)

32

3

Parc du
Mont-
Royal

Parc Jeanne-
Mance

9

22

Stade
d'hiver
McConnell

Av Duluth Ouest

42

17

3

18

Rue Bagg

19

Rue Napoléon

6

4

8

Rue St-Cuthbert

Av de l'Hôtel-de-Ville

Rue Rivard

Hôpital
Hôtel-Dieu
de Montréal

Bd St-Laurent

Rue Roy Est

Rue de Bullion

13

Rue St-Denis

Rue Hutchison

Rue Ste-Famille

Rue Clark

Av des Pins Ouest

Av des Pins Est

35

Rue Guilbault

14

Rue St-Dominique

Av Coloniale

Av de l'Hôtel-de-Ville

Av Laval

Av Henri-Julien

Rue Drolet

18

41

Sherbrooke

43

34

29

Carré St-Louis

Rue de Malin

Rue Prince-Arthur Ouest

37

36

39

Rue de Rigau

5

Rue Gifford
Rue Resther
Rue St-Hubert
E
Rue Pontiac
Rue de Bienville
Rue Boyer
F
Rue de la Roche
Rue de Brébeuf
Rue Chambord
G
Rue Garnier
Rue Fabre
Rue Marquette
Rue Papineau
Rue Cartier
H

0   200 m

1

30 ✪

Mont-Royal
Rue St-Hubert
Rue de Mentana
Av Christophe Colomb
Av du Mont-Royal Est

12 ✕

Rue de Lanaudière

Vers →
✪ 25

2

Rue St-André
Rue Marie-Anne Est

Rue St-Hubert

Rue Berri
Rue Rachel Est
2 ✕

Av Bureau
🍷 21

3

Parc
La Fontaine

Av Duluth Est
🍷 11

Av Châteaubriand
Av du Parc LaFontaine
Av Calixa Lavallée

Rue Gauthier

Rue Napoléon

Av Émile Duployé
Av Papineau
Rue Cartier
Rue Dorion

4

Rue Roy Est

Rue St-Hubert
Rue de Mentana

Université du
Québec
à Montréal

Av Calixa Lavallée

Rue Cherrier

Rue Sherbrooke Est

QUARTIER
LATIN

5

Nos adresses

⊙	Les incontournables	p. 74
✕	Se restaurer	p. 82
🍷	Prendre un verre	p. 86
✪	Sortir	p. 88
🔒	Shopping	p. 90

Se restaurer

Patati Patata
FRITERIE $

1 Plan p. 80, C3

Minuscule comptoir fast-food et
"friterie de luxe" sympathique et
chouchou des Montréalais – on
surnomme ce genre d'établissement les
"greasy spoons" (cuillères graisseuses).
Au menu : poutines, burgers et
végéburgers. Très bon rapport qualité/
prix. (844-0216 ; 4177 bd Saint-Laurent ;
plats 5-7 $; lun-ven 9h-23h, sam-dim
11h-23h ; Saint-Laurent puis 55)

La Banquise
PATATERIE $

2 Plan p. 80, F3

À deux pas du parc Lafontaine, la
poutine de La Banquise est la plus

Poutine de La Banquise

réputée de la ville et existe dans plus
d'une trentaine de versions, toutes
plus appétissantes les unes que les
autres. (525-2415 ; www.labanquise.com ;
994 rue Rachel ; 7-15 $; tlj 24h/24 ;
Mont-Royal)

Soupe Soup
BAR À SOUPES $

3 Plan p. 80, C4

Soupes réconfortantes, sandwichs
originaux et bons petits desserts
concoctés par la sympathique
propriétaire, Caroline Dumais, et son
équipe. (380-0880 ; www.soupesoup.
com ; 80 av. Duluth Est ; menu 8-10 $; tlj
11h30-17h ; Saint-Laurent puis 55)

Aux Vivres
VÉGÉTALIEN $

4 Plan p. 80, C1

Très prisée de la jeune clientèle
anglophone, cette adresse sert une
cuisine bio et végétalienne. La carte
originale, mêlant le tofu et une
grande variété de légumes aux arômes
asiatiques, plaira aux amateurs. Menus
à emporter et délicieux smoothies.
(842-3479 ; www.auxvivres.com ; 4631 bd
Saint-Laurent ; plats 11-15 $; lun-ven 11h-23h,
sam-dim 10h-23h ; Saint-Laurent puis 55)

Sala Rossa
ESPAGNOL $$

5 Plan p. 80, B1

Lieu de rendez-vous de la
communauté espagnole qui propose
une cuisine simple mais goûteuse
de tapas et de plats traditionnels.
L'ambiance est joviale, surtout les
jeudis soir où la scène accueille

Comprendre
Le nectar des dieux

Le Québec produit environ les trois quarts de la production mondiale de sirop d'érable, qui occupe sans surprise une place de choix dans la cuisine locale. On le retrouve en effet aussi bien dans les plats de viande et les desserts que le foie gras, les smoothies (yaourts fouettés), les cocktails et le whisky. S'appropriant la technique des Amérindiens, les colons français commencèrent à le fabriquer au XIXᵉ siècle.

Les sucres de l'érable aident à le protéger des dégâts causés par le gel. La sève d'érable est extraite au printemps lorsque la température se réchauffe et que la sève commence à s'écouler. Les Québécois rejoignent les cabanes à sucre dans la campagne afin de goûter la première récolte ambrée de la saison lors de banquets festifs. À cette occasion, le sirop fumant est versé dans la neige pour faire de la tire, sorte de sucre d'orge fondant. Le site www.cabaneasucre.org regroupe la majorité des cabanes à sucre ouvertes au public et donne des idées-recettes.

des musiciens et des danseurs de flamenco (spectacle gratuit à 20h45). (☎ 844-4227 ; www.casadelpopolo.com ; 4848 bd Saint-Laurent ; plats 11-24 $; ⊙ mardim 17h-23h ; Ⓜ Saint-Laurent puis 🚌 55).

L'Express   BISTRO FRANÇAIS $$

6 Plan p. 80, D4

Avec son carrelage noir et blanc, ses luminaires Art déco et ses murs tapissés de miroirs et de photos d'époque, L'Express a tout d'une accueillante brasserie urbaine. La carte haut de gamme de ce pilier de la restauration montréalaise comprend des classiques de la cuisine française, des fruits de mer, des salades fraîches et de somptueux desserts. Réservation conseillée. (☎ 845-5333 ; 3927 rue St-Denis ; plats 16-26 $; ⊙ 8h-3h ; Ⓜ Sherbrooke)

Robin des Bois   FRANÇAIS $$

7 Plan p. 80, C1

Les serveurs et cuisiniers sont tous bénévoles dans ce restaurant qui reverse tous ses profits et pourboires à des œuvres de charité locales. Une ardoise affiche sans cesse renouvelée de bonne qualité qui peut inclure par exemple un navarin d'agneau, de la pieuvre confite ou un risotto crémeux. (☎ 288-1010 ; 4653 bd St-Laurent ; plats 15-21 $; ⊙ 12h-22h lun-ven, à partir de 18h sam ; Ⓜ Saint-Laurent puis 55)

Chez Schwartz's   CHARCUTERIE HÉBRAÏQUE $

8 Plan p. 80, C4

Rendez-vous impérativement dans cette minuscule charcuterie hébraïque, toujours bondée, qui sert incontestablement la meilleure viande fumée (dite *smoked meat*) de la ville. Une adresse sans chichis mais goûteuse où il est de tradition de faire la queue pour être placé. Voir aussi l'encadré ci-dessous. (☏842-4813 ; www.schwartzsdeli. com ; 3895 bd Saint-Laurent ; menu 7-18 $; ☉tlj 8h-0h30 ; Ⓜ Saint-Laurent puis ☒55)

Laika

RESTO-LOUNGE **$$**

9 Plan p. 80, B3

Le Laika est à la fois un café au décor industriel où la faune du Plateau planche sur ses portables, un bistro servant une cuisine du marché à petit prix le midi et un bar tapas le soir animé jusqu'au petit matin par des DJ. Brunch réputé le week-end et longue terrasse estivale sur "la Main". (☏842-8088 ; www.laikamontreal.com ; 4040 bd Saint-Laurent ; midi 12-15 $, plats 12-18 $; ☉tlj 9h-3h ; Ⓜ Saint-Laurent puis ☒55)

Ouzeri

GREC **$$**

10 Plan p. 80, D1

Décoré de jolies mosaïques, ce restaurant propose une excellente carte. Outre l'incontournable *tsatziki*, le poulpe grillé est très prisé, tout comme la délicieuse casserole d'agneau à la feta et le fromage flambé. Bonne sélection de vins à prix raisonnables. Un peu bruyant car très populaire. (☏845-1336 ; 4690 rue Saint-Denis ; plats 15-20 $; ☉tlj à partir de midi ; Ⓜ Mont-Royal)

Au Pied de cochon

PLAISIRS CARNIVORES **$$**

11 Plan p. 80, E4

Son décor en bois massif, sa gaieté bruyante et l'exubérance de son chef, Martin Picard, séduisent. Le restaurant joue la carte des plats

---

Comprendre
La viande fumée

Appelée "pastrami" ailleurs dans le monde, la viande fumée (dite *smoked meat*) se prépare en boucanant de la poitrine de bœuf avec de l'ail, des herbes et des épices avant de la cuire à la vapeur. Cette spécialité fut introduite à Montréal dans les années 1900 par Ben Kravitz, un immigrant juif originaire de Lituanie, qui rencontra le succès en reprenant la recette de ses grands-parents. On peut déguster de délicieuses viandes fumées partout en ville, mais Schwartz (p. 83) remporte indéniablement la palme.

Rachetée récemment par René Angélil pour 10 millions de dollars, la popularité de l'enseigne ne faiblit pas depuis que Reuben Schwartz, un juif roumain, l'a ouverte en 1928. Sa viande subit un processus de salage et de fumage pendant 14 jours et atterrit dans l'assiette du consommateur au terme d'une cuisson de trois heures.

La charcuterie Chez Schwartz's (p. 83)

copieux et "viandeux" préparés avec des produits du terroir de grande qualité. Vous pourrez aussi tenter la fameuse poutine au foie gras. Réservation conseillée. (☎281-1114 ; www.restaurantaupieddecochon.ca ; 536 rue Duluth Est ; plats 14-40 $; ☺mer-dim 17h-minuit ; Ⓜ Sherbrooke)

La Salle à manger
CUISINE DU MARCHÉ $$

12 ✖ Plan p. 80, G2

Grand bistro chic fréquenté par une faune branchée, où l'on déguste une cuisine du marché aux accents ethniques, inspirée et généreuse. Les entrées fraîchement marinées, les tartares et les charcuteries maison impressionnent d'emblée, de même que les copieux plats de poissons d'arrivage et de gibiers à partager. Bons mariages de vins. (☎522-0777 ; www. lasalleamanger.ca ; 1302 av. Mont-Royal Est ; plats 15-29 $; ☺tlj 17h-minuit ; Ⓜ Mont-Royal)

Pintxo
TAPAS $$$

13 ✖ Plan p. 80, D4

Les *pintxos* sont les tapas du Pays Basque, de petites bouchées très tendance. On vient aussi dans ce joli bistro pour son atmosphère chaleureuse. Réservation recommandée. (☎844-0222 ; www.pintxo. ca ; 256 rue Roy Est ; pintxos 4-12 $ plats

26-44 $, menu dégustation 36 $; ⏰tlj soir, mer-ven midi ; ; Ⓜ Sherbrooke)

Prendre un verre

A Go-Go Lounge   RÉTRO FUTURISTE

14 Plan p. 80, B5

Déco psychédélique rétro-kitsch et programmation musicale éclectique. (☎286-0882 ; www.gogogroup.ca ; 3682 bd Saint-Laurent ; ⏰17h-3h tlj sauf lun et mer ; Ⓜ Saint-Laurent puis 🚌55)

Barouf   BAR

15 Plan p. 80, D3

Parfait pour se désaltérer, car si l'on a très soif, on peut y commander l'une des 25 sortes de bières à la pression dans une girafe. ☎844-0119 ; 4171 rue Saint-Denis ; ⏰13h-3h ; Ⓜ Mont-Royal)

Bily Kun   PUB BRANCHÉ

16 🅿 Plan p. 80, D2

Un bar aux allures de pub, sympathique et décontracté pour déguster une bière locale, un porto ou encore un alcool tchèque dans une ambiance feutrée, portée par un DJ ou des musiciens de jazz. (☎845-5392 ; www.bilykun.com ; 354 av. Mont-Royal Est ; ⏰tlj à partir de 15h ; Ⓜ Mont-Royal)

Blizzarts   BAR

17 🅿 Plan p. 80, B4

Ce bar a la faveur d'une clientèle sympathique qui investit la piste de danse. Expositions temporaires d'œuvres d'artistes locaux. (☎843-4860 ; 3956a bd Saint-Laurent ; ⏰20h-3h ; Ⓜ St-Laurent, puis 🚌55)

Brûlerie Saint-Denis   CAFÉ

18 Plan p. 80, D4

Asseyez-vous à la terrasse de cette petite chaîne montréalaise et faites votre choix parmi une gamme impressionnante de cafés torréfiés du jour et de boissons à base de café. (☎286-9158 ; www.brulerie.com ; 3967 rue Saint-Denis ; ⏰8h-23h lun-ven, 9h-minuit sam-dim ; Ⓜ Sherbrooke)

Korova   BAR

19 Plan p. 80, B4

On profite d'une atmosphère souriante et bien arrosée dans ce bar de quartier attirant les jeunes *hipsters* qui dansent au son de la musique soul, du funk et du rock. (☎904-6444 ; 3908 bd Saint-Laurent ; ⏰22h-3h ; Ⓜ Saint-Laurent, puis 🚌55)

Buvette chez Simone   BAR À VINS

20 🅿 Plan p. 80, A1

Bar à vins dans les règles de l'art, à l'atmosphère amicale et animée. Une ardoise présente les vins du jour ainsi qu'une carte de tapas raffinée et bien pensée. Les jeudis et vendredis soir, les jeunes actifs investissent ce petit bar qui ne prend pas de réservations : il faut alors patienter longtemps pour avoir une table. (☎750-6577 ; www. buvettechezsimone.com ; 4869 av. du Parc ; ⏰tlj dès 16h ; Ⓜ Laurier puis 🚌51)

Le Lab

MIXOLOGISTES

21 Plan p. 80, G3

Les fans de cocktails seront contents de savoir qu'il y a de vrais bons cocktails en ville. La carte des créations des *labtenders* change selon les saisons et invite à la découverte. La salle rétro-lounge reprend la thématique des vieilles pharmacies-apothicaires. (📞544-1333 ; http://lab.mixoart.com ; 1351 rue Rachel Est ; 🕐lun-sam à partir de 17h ; Ⓜ Mont-Royal)

Le Réservoir

BISTRO-LOUNGE

22 Plan p. 80, C3

Idéal pour le déjeuner, l'apéro ou un verre en soirée. La carte de ce bistro-brasserie présente une belle sélection de bières artisanales, de vins au verre, de cocktails ainsi qu'un savoureux menu de tapas du terroir. À la petite salle s'ajoutent une verrière et une jolie terrasse à l'étage. (📞849-7779 ; www.brasseriereservoir.ca ; 9 rue Duluth Est ; 🕐à partir de 15h lun-jeu, de 12h ven et 10h30 sam-dim ; Ⓜ Saint-Laurent puis 🚌55)

Plan B

BAR

23 Plan p. 80, D2

Son décor chaleureux, ses en-cas raffinés et ses cocktails réussis font de ce bar sélect la destination idéale pour un plan drague ou un rendez-vous galant. Il accueille le soir et le week-end une clientèle francophone sophistiquée. (📞845-6060 ; www.barplanb. ca ; 327 av. du Mont-Royal Est ; 🕐15h-3h ; Ⓜ Mont-Royal)

Quai des Brumes

BAR

24 Plan p. 80, D2

Un café aux allures parisiennes, avec des miroirs aux cadres ouvragés, des moulures et des boiseries patinées par la fumée de cigarettes. Il reçoit des groupes de jazz, de rock et de blues, tandis qu'un DJ mixe de la techno dans la discothèque à l'étage. (📞499-0467 ; www.quaidesbrumes.ca ; 4481 rue Saint-Denis ; 🕐15h-3h ; Ⓜ Mont-Royal)

100 % montréalais
Les escaliers

Vous verrez sur le Plateau de belles maisons aux façades colorées, dont la plupart s'ornent d'élégants escaliers en fer forgé aux formes variées, le plus souvent noirs mais parfois multicolores, typiques de Montréal. Pourquoi des escaliers extérieurs malgré un climat hivernal si rude ? C'est qu'à la fin du XIXᵉ siècle, la commune exigeait une distance minimale entre le bâtiment et le trottoir pour préserver une bande végétale dans les quartiers résidentiels ouvriers. Les escaliers extérieurs permettaient donc de maximiser l'espace intérieur et de réduire les coûts de chauffage. C'est aussi ce qui fait aujourd'hui de Montréal une ville si verdoyante !

Sortir

Le Verre Bouteille
PUB ANIMÉ

25 ⭐ Hors plan, p. 80

Ce sympathique pub de quartier sert des bières locales, des whiskys et des alcools fins. Des artistes locaux de différents styles (pop, folklore, jazz) s'y produisent régulièrement. (☎521-9409 ; www.verrebouteille.com ; 2112 av. Mont-Royal Est ; ⏰14h-3h tlj ; Ⓜ Mont-Royal puis 🚌97).

Les Bobards
BAR

26 ⭐ Plan p. 80, B2

Une adresse bon enfant aux soirées thématiques réputées : improvisation musicale les mardis, swing les mercredis, et concerts et DJ de musique du monde les autres soirs. L'endroit commence à s'animer vers 22h et il n'y a que des places debout. (☎987-1174 ; http://lesbobards.qc.ca ; 4328 bd Saint-Laurent ; ⏰15h-3h mar-dim ; Ⓜ Saint-Laurent, puis 🚌55)

Le Divan Orange
BAR-CONCERTS

27 ⭐ Plan p. 80, B3

Ce bar d'artistes à la fibre hippie est l'endroit idéal pour découvrir la scène alternative montréalaise dans les deux langues. (⏰840-9090 ; www.divanorange.org ; 4234 bd Saint-Laurent ; ⏰16h-3h mar-dim ; Ⓜ Saint-Laurent puis 🚌55)

L'Escogriffe
BAR-SPECTACLES

28 ⭐ Plan p. 80, D2

Un minuscule bar qui fait tout de même partie des incontournables de la musique live du quartier. On y entend une belle variété de genres, du rock à l'électro, en passant par le blues et la chanson française. (☎842-7244 ; 4467 rue Saint-Denis ; ⏰tlj 17h-3h ; Ⓜ Mont-Royal)

Café Campus
BAR-CLUB

29 ⭐ Plan p. 80, C5

Un lieu dont la popularité ne se dément pas chez les étudiants et qui programme des groupes de rock locaux en plus des soirées DJ. L'été, la clientèle des cafés et restaurants de la rue Prince-Arthur vient profiter ici de la musique et de la bière particulièrement bon marché. (☎844-1010 ; www.cafecampus.com ; 57 rue Prince-Arthur Ouest ; ⏰15h-3h ; Ⓜ Sherbrooke)

La Sala Rossa
THÉÂTRE-CONCERTS

Voir **5** ❌ Plan p. 80, B1

Cet ancien théâtre orné de velours pourpre et décoré de lustres est une salle de spectacle qui accueille chaque jour des artistes originaux et leur public hétéroclite. Vous pourrez voir des maîtres de free-jazz, des danseurs de flamenco, des compétitions de breakdance ainsi que des groupes de reggae, de rock'n'roll et de rock indé. Réservation souhaitable. (☎284-0122 ; www.casadelpopolo.com ; 4848 bd Saint-Laurent ; ⏰tlj ; Ⓜ Saint-Laurent puis 🚌55). En face, la **Casa del Popolo** (☎284-3804 ; 4873 bd Saint-Laurent ; ⏰tlj) partage la même programmation.

Quai des Brumes (p. 87)

La Tulipe CABARET-DISCOTHÈQUE

30 ⭐ Plan p. 80, H1

La grande salle de cet ancien théâtre accueille des soirées dansantes sympathiques (Pop 1980, Pop 1990, French Swing…) le week-end, de même que d'excellents concerts de musique pop et alternative en semaine. (☎529-5000 ; www.latulipe.ca ; 4530 av. Papineau ; ☉ven-sam ; Ⓜ Mont-Royal puis 🚌97)

Balattou MUSIQUES DU MONDE

31 ⭐ Plan p. 80, B2

Une clientèle métissée et des danseurs sophistiqués se pressent dans ce night-club afro-caribéen qui accueille aussi des groupes de musique québécoise. Le droit d'entrée des concerts varie en semaine et tourne autour de 10 $ le week-end. (☎845-5447 ; 4372 bd Saint-Laurent ; ☉21h-3h mar-dim ; Ⓜ Saint-Laurent, puis 🚌55)

Diese Onze JAZZ

32 ⭐ Plan p. 80, D3

Adresse capitale pour les amateurs de jazz, ce club en sous-sol reçoit une sélection internationale de musiciens prometteurs et de poètes audacieux. (☎223-3543 ; www.dieseonze.com ; 4115 rue Saint-Denis ; ☉tlj en soirée, variable ; Ⓜ Mont-Royal)

Cactus

CLUB

33 ⭐ Plan p. 80, D2

Un concentré d'Amérique latine sur deux étages où des danseurs en tenue sexy viennent exhiber leurs talents sur fond de salsa et de mérengué. (☎849-0349 ; www.lecactus.ca ; 4459 rue Saint-Denis ; ⏰22h-3h jeu-sam ; Ⓜ Mont-Royal)

Rouge

DISCO CHIC

34 ⭐ Plan p. 80, B5

Bar élégant de "la Main" où l'on danse au son de musiques soul, pop ou rock'n'roll. Soirées thématiques. (☎282-9944 ; www.lerougebar.com ; 7 rue Prince-Arthur Ouest ; ⏰22h-3h ven-sam ; Ⓜ Sherbrooke)

Tokyo Bar

CLUB

35 ⭐ Plan p. 80, C5

On danse ici depuis 15 ans jusqu'au petit matin sur des rythmes hip-hop, breakbeat et "old school". Le jeudi est réservé à la scène rock et indé. Clientèle jeune et énergique. (☎842-6838 ; www.tokyobar.com ; 3709 bd Saint-Laurent ; ⏰22h-3h jeu-dim ; Ⓜ Sherbrooke).

Excentris

CINÉMA

36 ⭐ Plan p. 80, B5

Ce complexe dédié au cinéma indépendant et aux nouveaux médias offre des conditions techniques et de confort hors pair. L'architecture et le design du bâtiment sont étonnants. (☎847-2206 ; www.cinemaexcentris.com ; 3536 bd Saint-Laurent ; Ⓜ Sherbrooke)

Cinéma du Parc

CINÉMA

37 ⭐ Plan p. 80, B5

Riche programmation de cinéma indépendant (en français et en anglais) et de rétrospectives thématiques. (281-1900 ; www.cinemaduparc.com ; 3575 av. du Parc ; Ⓜ Place-des-Arts puis 🚌80)

Shopping

Coffre aux trésors du Chaînon

MODE

38 🔒 Plan p. 80, C2

Parmi les friperies du quartier, voici une vraie caverne d'Ali Baba où chiner des chaussures dorées, des cravates imprimées pied-de-poule, des lunettes en écaille et d'autres trésors pour vos tenues branchées. (☎843-4354 ; 4375 bd Saint-Laurent ; Ⓜ Saint-Laurent, puis 🚌55)

Q 100 % montréalais
Fait "icitte", chez nous
Le site Internet **Made in Montreal** (www.madeinmontreal.org) s'attache à recenser les produits fabriqués localement, pour le bonheur des artisans montréalais et des accros du shopping.

Duo

MODE HOMME

39 🔒 Plan p. 80, B5

Si vous aimez être dans le coup en matière d'habillement, rendez-vous directement dans cette petite boutique bien approvisionnée qui vend des marques tendance de denim et de costumes haut de gamme, ainsi que des tennis et des accessoires de créateurs. (☎ 845-0882 ; 30 rue Prince-Arthur Ouest ; Ⓜ Sherbrooke)

Kanuk

MODE

40 🔒 Plan p. 80, D3

Si Kanuk évoque avant tout les incomparables parkas conçues pour des températures de -30°C, sa collection comprend aussi des imperméables, des sacs à dos et des vêtements de randonnée. (☎ 527-4494 ; 485 rue Rachel Est ; Ⓜ Mont-Royal)

Librairie Michel Fortin

LIBRAIRIE

41 🔒 Plan p. 80, D5

Paradis des polyglottes, cette librairie propose des livres et du matériel audio dans toutes les langues possibles et imaginables. (☎ 849-5719 ; 3714 rue Saint-Denis ; Ⓜ Sherbrooke)

Friperie Saint-Laurent

FRIPERIE

42 🔒 Plan p. 80, B4

La plus ancienne des friperies de "la Main" est le point de repère d'une petite série de boutiques rétro (vintage) rassemblées dans le même pâté de maisons. Un bonheur pour vos envies excentriques. (☎ 842-3893 ; 3976 bd Saint-Laurent ; Ⓜ Sherbrooke)

U&I

MODE

43 🔒 Plan p. 80, B5

Les stylistes locaux comme YSO, Morales et Denis Gagnon sont ici à l'honneur en compagnie de Mackage, Comme des Garçons et d'autres grandes marques. (☎ 844-8788 ; 3650 bd Saint-Laurent ; Ⓜ Sherbrooke)

MEC

PLEIN AIR

44 🔒 Plan p. 80, D2

Petite boutique de vêtements de la grande coopérative de plein air canadienne, dont la réputation de qualité et la compétence du personnel ne sont plus à prouver. Prix compétitifs. (☎ 840-4440 ; www.mec.ca ; 4394 rue Saint-Denis ; Ⓜ Mont-Royal)

Explorer

Petite Italie, Mile End et Outremont

Dans le quartier de la Petite Italie, les commerces arborent fièrement les couleurs de la Péninsule. Plus cosmopolite que le Plateau, le Mile End accueille les étudiants et artistes en quête de lieux abordables, ce qui en fait un secteur dynamique, très culturel. Très résidentiel et francophone, Outremont possède peu de points d'intérêt hormis ses jolies rues, ses résidences cossues et une importante communauté hassidique.

L'essentiel en un jour

☼ Le matin est le meilleur moment pour acheter les produits frais du **marché Jean-Talon** (p. 99). Traversez ensuite le quartier par la **rue Dante** (p. 95) où vous pourrez visiter la **Chiesa della Madonna della Difesa** (p. 99). Puis, rendez-vous sur le **bd Saint-Laurent** pour découvrir le cœur de la Petite Italie. De là, passez sous la voie ferrée au sud. Après une pause shopping au **Local 23** (p. 107), empruntez la rue Bernard vers l'ouest pour découvrir Outremont. Pour le déjeuner, arrêtez-vous aux **Enfants terribles** (p. 102) où vous aurez une vue sur le théâtre Outremont, et le centre du quartier.

☼ Partant vers le sud sur l'avenue Bloomfield, empruntez ensuite la rue Saint-Viateur jusqu'à l'**église Saint-Michel-Archange** (p. 99). Arrêtez-vous le temps d'un expresso au **Café Olimpico** (p. 103) ou au **Club Social** (p. 103) avant de vous rendre sur les rues Fairmount et Laurier, où se trouvent les boutiques mode.

☾ Pour le dîner, rendez-vous chez **Léméac** (p. 102) et terminez la soirée en sirotant un cocktail au **Baldwin Barmacie** (p. 104)

○ 100% montréalais

Autour du marché Jean-Talon (p. 94)

Déambuler sur "la Main" (p. 96)

♥ Le meilleur du quartier

Saveurs d'Italie
Alati Caserta (p. 95)
Café Olimpico (p. 103)
Le Club Social (p. 103)
Hostaria (p. 102)

Bars et pubs
Bu (p. 102)
Dieu du Ciel (p. 103)
Whiskey Café (p. 104)

Comment y aller

Ⓜ **Métro** Le quartier est en quelque sorte une enclave entourée par les lignes orange et bleue, qui font intersection à la station Jean-Talon. De chaque côté, la zone s'étend jusqu'aux stations Outremont et Laurier.

Ⓡ **Bus** Les principaux bus traversant le quartier sont les suivants : n°55 sur le bd Saint-Laurent (ⓂDe Castelneau et Saint-Laurent), n°80 sur l'avenue du Parc (ⓂParc et Place-des-Arts), n°160 sur la rue Bernard (ⓂOutremont et Beaubien).

100% montréalais
Autour du marché Jean-Talon

C'est au cœur du quartier de la Petite Italie que se trouve le marché Jean-Talon, qui se démarque des autres marchés de Montréal par son ambiance vivante et populaire. Sillonner ses rues permet de mieux comprendre le cosmopolitisme à la montréalaise : un quartier ethnique désenclavé et dynamique, une culture bilingue voire trilingue et des cafés et restaurants qui vous transportent à l'autre bout du monde.

❶ Plaza Saint-Hubert

À la station de métro Jean-Talon, prenez la sortie Saint-Hubert puis tournez à droite. Ce curieux centre commercial couvert et extérieur s'étend sur quatre pâtés de maisons totalisant 1,2 km et près de 400 commerces. Il est réputé pour ses nombreuses boutiques de robes de mariées. (www.maplaza.ca)

❷ Rue Bélanger

Rue caractéristique du multiculturalisme local, la rue Bélanger comprend sur ce secteur une forte concentration de commerces latino-américains, bien que l'on y voie déjà quelques commerces italiens.

❸ Anciens théâtres

Ces deux bâtiments monumentaux Art déco furent construits immédiatement avant la Grande Dépression : à gauche, le théâtre Rivoli, qui abrite désormais une pharmacie et une poste, et à droite, le théâtre Le Château. Au pied de ce dernier se trouve **Aux derniers humains** (☎272-8521 ; www.auxdernierhumains.com ; 6950 rue Saint-Denis ; plats 10-20 $ paiement en espèces seulement ; ◷10h30-23h mar-ven et 9h30-23h sam-dim ; 📶), un sympathique bistro de quartier où l'on sert notamment des plats salés et santé, à toute heure.

❹ Marché Jean-Talon

On pourrait facilement passer quelques heures dans ce marché et garder tous ses sens en éveil ! Il ne faut pas manquer le **marché des Saveurs** (voir p. 107), l'endroit par excellence où goûter les produits du terroir de toute la province. Les échoppes côté sud font le tour de la Méditerranée, du Maghreb à l'Italie.

❺ Rue Dante

En apparence résidentielle, la rue Dante abrite certains des commerces les plus emblématiques de la Petite Italie. À chaque coin de rue, on y trouve un café, une trattoria ou une pizzeria. La **Quincaillerie Dante** (☎271-2057 ; 6851 rue Saint-Dominique) est spécialisée dans les ustensiles de cuisine italiens en plus d'être une armurerie notable. Un peu plus loin, les gens s'entassent dans la **Pizzeria Napoletana** (☎276-8226 ; www.napoletana.com ; 189 rue Dante ; plats 10-18 $ paiement en espèces seulement ; ◷11h-23h dim-mer, jusqu'à minuit jeu-sam), un restaurant "Apportez votre vin" dédié aux pâtes nappées de sauce maison et aux pizzas couvertes d'une épaisse garniture.

❻ Parc Dante et église catholique

Bel endroit où se poser pour regarder les gens du quartier, le parc Dante voit défiler les clients sortant de la pâtisserie familiale **Alati-Caserta** (☎271-3013 ; www.alaticaserta.com ; 277 rue Dante ; desserts 3-5 $; ◷10h-17h lun, 8h-18h mar-mer, 8h-19h jeu-ven, 8h-17h30 sam et 9h-17h dim) les bras pleins de divins *cannoli* siciliens (rouleaux de pâte frite farcis de ricotta et de fruits confits), d'un tiramisu, de *sfogliatelle* (chaussons fourrés à la ricotta) napolitaines et de bien d'autres douceurs italiennes. En face, **l'église della Madonna della Difesa** (voir p. 99) accueille toujours la communauté italienne.

100% montréalais
Déambuler sur "la Main"

La rue Saint-Laurent dite "la Main" (la rue principale) partage les rues Est et Ouest dans la ville, mais sépare aussi symboliquement le Montréal francophone de l'anglophone. Plus qu'une ligne de division, elle est surtout un lieu de convergence culturelle, traversant successivement, du nord au sud, la Petite Italie, le Mile End multiethnique, le Plateau et le Petit Portugal, le centre-ville et enfin, le quartier chinois.

....

❶ Petite Italie
L'endroit par excellence où trouver des épices à bas prix, où savourer un expresso bien corsé ou déguster des pâtes italiennes authentiques. Son cœur est le **parc de la Petite Italie**, où il n'est pas rare de voir des fêtes d'enfants et des concerts en plein air. Juste en face,

l'**église Saint-Jean-de-la-Croix** fut la première de la ville à être transformée en complexe résidentiel.

2 Nord du Mile End

Peu de gens savent que le Mile End se poursuit au nord de la voie ferrée. Cet ancien *no man's land* culturel abrite désormais quelques lieux de sortie intéressants comme le pub de quartier **Vices et Versa** (☎272-2498 ; www.vicesetversa.com ; 6631 bd Saint-Laurent ; ☺lun-ven 15h-3h, sam-dim à partir de 13h ; Ⓜ Beaubien ou De Castelneau) qui dispose d'une sélection de 35 bières de microbrasseries québécoises à la pression, de cidres, hydromels et alcools à l'érable et de plateaux du terroir. Un peu plus loin, le bar **Notre-Dame-des-Quilles** (p. 103) attire les hipsters en quête d'ambiance rétro-kitsch.

3 Empire des jeux

Ces immenses buildings de brique rouge abritent les bureaux d'**Ubisoft**, la compagnie de jeux vidéo qui a fait la renommée de Montréal dans ce domaine. Plus de 2 000 développeurs y travaillent – des concerts privés ont parfois lieu sur le toit. Outremont et le Mile End se déploient surtout à l'ouest. Cette portion présente moins d'intérêt, mais vous pourriez faire un arrêt au **Cagibi** (p. 100) pour casser la croûte.

4 Mile End et nord du Plateau

"La Main" redevient animée partir de la rue Maguire. Ce secteur abonde en bars à vins, lounges et boutiques de mode mêlés aux restaurants ethniques (voir le chapitre *Plateau Mont-Royal*, p. 75). Des activités de quartier ont parfois lieu au parc Lahaie, sur lequel veille l'**église Saint-Enfant-Jésus-du-Mile-End**, avec son portique étonnant de style baroque latino.

5 Petit Portugal

Entre les rues Marie-Anne et des Pins, les épiceries et restaurants portugais abondent. Le **Petit Portugal** occupe un espace qui fut jadis le quartier juif avant que celui-ci ne migre lentement vers Outremont. Des commerces latino-américains ont aussi élu domicile dans cette portion du boulevard.

6 Centre-ville

À partir de l'avenue des Pins, on découvre un secteur très animé par les noctambules, avec plusieurs bars et clubs. La présence de l'**Excentris** (p. 90) un cinéma alternatif récent à la pointe de la technologie, a revitalisé cette portion de "la Main" qui tombait en désuétude, mais la portion au sud de la rue Sherbrooke n'a pas connu le même sort.

7 Quartier chinois

Le boulevard reprend vie au sud de la rue Sainte-Catherine avec des espaces de diffusion artistique comme la **SAT** (voir p. 41) et quelques théâtres. Un peu plus loin, les grandes portes rouge et or marquent les limites du **quartier chinois** (p. 28).

A   B   C   D

Parc

De Castelnau

Jean-Talon

1

Av Champagneur
Av Bloomfield
Av de l'Épée
Av Querbes
Rue Durocher
Rue Hutchison
Av du Parc
Rue Marconi
Rue Alexandra
Rue Waverly
Rue St-Urbain
Rue Clark
Rue Drolet

Rue Jean-Talon Ouest   **25**

9

Rue Jean-Talon Est

3   **31**

Av Mozart Est

Av Mozart Ouest

Av Beaumont   Rue Bélanger

17   Rue Dante   **1**

PETITE ITALIE

Rue St-Denis
Rue Le St-Vallier
Av de Chateaubriand

Nos adresses

⊙	Voir	p. 99
✗	Se restaurer	p. 99
☺	Prendre un verre	p. 102
☆	Sortir	p. 104
🔒	Shopping	p. 105

2

Rue Urbain
Parc de la Petite Italie
Rue St-Zotique Est

Rue St-Dominique
Av Casgrain
Av de Gaspé
Rue Alma
Av Henri-Julien

14

Av Ducharme

Rue Beaubien Est

21   Beaubien

OUTREMONT

3

Av Van Horne

Av Outremont
Av Bloomfield
Av Lajoie

Rue de Bellechasse

Rue St-Hubert

24

Rue Jeanne-Mance
Rue de L'Espanade
Rue Waverly

Bd St-Laurent

Viaduc Rosemont-Van Horne

22

26

Rue Bernard Est

Rosemont

12

Rue Bernard Ouest

4

Rue des Carrières

Vers

33   Parc St-Viateur

6

Av Bloomfield
Av Durocher
Rue Hutchison
Av du Parc

5

2

Rue Clark

Rue St-Dominique
Av Casgrain

Av Henri-Julien

Rue St-Viateur Ouest

20   **16**   **29**   **7**

Parc Outremont

MILE END

Av Querbes
Av de l'Épée

Av Elmwood

Rue St-Urbain

Bd St-Laurent

Av de Gaspé
Av du Carmel
Rue St-Grégoire

Rue Resther
Rue St-Hubert

18

Rue Maguire

15

8   Av Fairmount Ouest   Av Fairmount Est

5

Chemin de la Côte-Ste-Catherine

13   Av Laurier Ouest

28   Rue Edouard Charles

Bd St-Joseph Ouest

Rue Jeanne-Mance
Av de l'Esplanade

27

4   **11**

19   Parc de St-Michel

32   **23**   **10**   **30**

Parc AT Lépine   Rue Boucher

Av Laurier Est

Parc Lahaie

Bd St-Joseph Est

Rue Drolet
Rue St-Denis
Rue Rivard

Laurier

Av Van Horne

0   440 m

Voir

Chiesa della Madonna della Difesa
ÉGLISE

1 Plan p. 98, C2

Construite en 1919, l'église Notre-Dame-de-la-Défense a été décorée par Guido Nincheri (1885-1973) qui travailla pendant vingt ans sur cet édifice de style romano-byzantin. L'artiste a peint l'intérieur de fresques, dont la plus célèbre commémore les accords du Latran et représente Mussolini à cheval en compagnie de ses généraux. Cette œuvre controversée se tient au-dessus du maître-autel en marbre. (6800 av. Henri-Julien ; Ⓜ Jean-Talon)

Église Saint-Michel-Archange
ÉGLISE

2 Plan p. 98, B4

Avec sa coupole verte et son clocher semblable à un minaret, cette église néobyzantine au coin des rues Saint-Viateur et Saint-Urbain présente une architecture unique à Montréal. Achevée en 1915 et décorée par Guido Nincheri, elle sert de paroisse aux communautés catholiques irlandaise et polonaise, mais également de point de rencontre dans le quartier. (5580 rue Saint-Urbain ; Ⓜ Rosemont)

Se restaurer

Marché Jean-Talon
MARCHÉ **$**

3  Plan p. 98, C1

Le plus grand marché de Montréal regroupe dans un vaste espace une variété étonnante de produits. Très vivant, il mérite une visite, même si vous n'avez pas de panier à provisions à remplir. Des traiteurs et des cafés-restaurants occupent de petits patios. (7070 av. Casgrain ; ⏱ 7h-18h lun-mer et sam, jusqu'à 18h jeu-ven, et 17h dim ; Ⓜ Jean-Talon et De Castelneau)

Fairmount Bagel
BAGELS **$**

4 Plan p. 98, B5

Une institution du Mile End. On vient de loin pour se fournir ici en délicieux

L'église Saint-Michel-Archange

bagels tout chauds, nature ou garnis de saumon fumé et de fromage à la crème, rehaussé de sésame ou de pavot. Vente à emporter uniquement. (📞272-0667 ; www.fairmountbagel.com ; 74 av. Fairmount Ouest ; bagels 0,80 $; ⊗24h/24 ; Ⓜ Laurier)

St-Viateur Bagel
BAGELS $

5 🍴 Plan p. 98, B4

Autre enseigne de qualité similaire (voir plus haut) – il est difficile de différencier les deux ! (📞276-8044 ; www.stviateurbagel.com ; 263 av. Saint-Viateur Ouest ; bagels 0,80 $; ⊗24h/24 ; Ⓜ Parc, puis 🚌80)

Le Bilboquet
GLACES $

6 🍴 Hors plan p. 98

Cette institution locale concocte des crèmes glacées et des sorbets artisanaux de très grande qualité, fournissent les meilleurs restaurants de la région. Tout est fait maison et sans additifs : caramel, biscuits, pâtes de fruits, etc. Une longue file d'attente se forme devant la porte les soirs d'été. (📞276-0414 ; 1311 rue Bernard Ouest ; cornets 3-6 $; ⊗12h-minuit mi-mai à mi-sept, 11h-20h reste de l'année ; Ⓜ Laurier)

Le Cagibi
VÉGÉTARIEN $

7 🍴 Plan p. 98, B4

Les bobos mélomanes et les excentriques du Plateau tiennent salon dans ce café-resto végétarien décoré de plantes et d'antiquités. Au menu, soupes, salades et plats tex-mex. Le soir, on peut y prendre une bière et profiter de concerts ou d'activités culturelles. (📞509-1199 ;

St-Viateur Bagel

www.lecagibi.ca ; 5490 bd Saint-Laurent ; plats 6-10 $; 10h30-14h30 ; MLaurier)

La Croissanterie Figaro
CAFÉ-BISTRO $

8 Plan p. 98, A5

Ce petit café-bistro aux allures parisiennes est fréquenté à toute heure. Les jus frais, le café et les croissants le matin sont délicieux. Le midi, on opte pour les quiches, les sandwichs et les grandes salades, tandis que le soir, les plats du jour sont servis à prix raisonnable. L'été, la terrasse est très courue, et on fait la queue pour les brunchs du week-end. (278-6567 ; www.lacroissanteriefigaro.com ; 5200 rue Hutchison ; plats 5-13 $, table d'hôte 13-16 $; tlj 7h-1h ; MLaurier et 51)

Le Petit Alep
SYRIEN $

9 Plan p. 98, C1

Ce café-bistro moyen-oriental branché a le mérite de proposer une carte variée à petit prix tout en offrant une ambiance décontractée pour prendre un verre. À la carte : taboulés, *fattouche*, grillades (kebabs et saucisses), pitas grillés, de même qu'une belle sélection de desserts traditionnels syriens et arméniens. (270-9361 ; 191 rue Jean-Talon Est ; plats 8-14 $; mar-sam 11h-23h ; MDe Castelnau)

Phayathai
THAÏLANDAIS $$

10 Plan p. 98, B5

Certainement le meilleur restaurant thaïlandais de la ville : ses curries tiennent le haut du pavé, sans parler des soupes de fruits de mer qui ont la cote. Vous laisserez fondre le canard rôti au lait de coco dans votre bouche sous le regard des éléphants qui abondent dans la déco. (272-3456 ; www.phayathailaurier.com ; 107 av. Laurier Ouest ; plats 10-19 $; 17h-22h tlj ; MLaurier)

La Khaïma
MAURITANIEN $$

11 Plan p. 98, B5

Pour des saveurs d'Afrique de l'Ouest, rendez-vous dans ce chaleureux restaurant que l'on surnomme "la Tente du Mile End". On vous y fera découvrir des spécialités longuement mijotées : tajines, ragoûts, soupes. Le propriétaire assure la cuisine et le service, qui est une expérience d'hospitalité en soi – attention, pas de gaspillage ici, on repart avec les restes !

À savoir

Repas à la carte
Précision d'importance : au Québec, le matin, on prend son "déjeuner", le midi, son "dîner" (ou son "lunch") et le soir, son "souper". Dans certains établissements, le "déjeuner" est servi jusque vers 15h. Les repas débutent tôt au Québec. Le service du midi commence en général à 11h30 et se prolonge jusqu'à 14h et le soir, il est possible de "souper" dès 17h30. Le week-end enfin, c'est la tradition du brunch.

(☑948-9993 ; www.lakhaima.net ; 142 av.
Fairmount Ouest ; plats 15-19 $, table d'hôte
25 $; ☉17h-22h mar-dim ; Ⓜ Laurier)

Les Enfants terribles BRASSERIE $$

12 Plan p. 98, A3

Belle brasserie de quartier au décor
léché, alliant le classique du bois
à des surfaces modernes. La carte
décline les classiques de type bistro
(tartares, *fish and chips*, poulet de
Cornouaille, cassoulet...) tandis
qu'on y vient le week-end pour de
copieux brunchs. (☑759-9918 ; www.
lesenfantsterriblesbrasserie.ca ; 1257 rue
Bernard Ouest ; plats 14-30 $, table d'hôte
35 $; ☉lun-ven 11h-minuit, sam 10h-minuit,
dim 10h-21h ; Ⓜ Outremont)

Leméac BISTRONOMIQUE $$$

13 Plan p. 98, A5

Ce resto bistronomique dispose d'une
salle élégante et lumineuse, très animée
en soirée ainsi que d'une agréable
terrasse-jardin. Sa cuisine est classique
et soignée. La cuisse de canard confite a
la cote ! L'endroit est particulièrement
prisé lors des brunchs du week-end,
ainsi que le soir après 22h, quand des
menus sont servis à 27 $. (☑270-
0999 ; www.restaurantlemeac.com ; 1045 av.
Laurier Ouest ; plats 20-45 $; ☉12h-minuit lun-
ven, 11h-minuit sam-dim ; Ⓜ Laurier puis 🚌51)

Hostaria ITALIEN $$$

14 Plan p. 98, C2

La meilleure table italienne de
Montréal s'est modernisée pour surfer

100 % montréalais
Le brunch
Le brunch de "fin de semaine"
est une manière pour les
Montréalais de casser la routine :
on se précipite dans les restos du
quartier pour prendre un petit-
déjeuner copieux, souvent salé
et plus tardif qu'à l'habitude. Le
visiteur n'aura que l'embarras du
choix. Faire la queue devant l'un
des monuments du brunch fait
partie intégrante du jeu. Quelques
adresses populaires : le **Laika**
(p. 84) **La Croissanterie Figaro**
(voir p. 101) ou **Leméac** (p. 102).

sur la vague du style bistro sans
perdre de sa maîtrise d'exécution et de
son service exceptionnel. Les gnocchis
maison demeurent le grand classique.
La carte des vins est recherchée et
étonnante. (☑273-5776 ; 236 rue Saint-
Zotique Est ; plats 20-34 $; ☉18h-minuit mer-
sam et 12h-14h30 jeu-ven ; Ⓜ Jean-Talon)

Prendre un verre

Bu BAR À VINS

15 Plan p. 98, C5

Le premier bar à vins du genre à
Montréal propose une généreuse carte
des vins (un choix de 500 bouteilles
et une trentaine de vins au verre)
dans une ambiance chaleureuse et
romantique, le tout accompagné
d'une cuisine d'influence italienne.

(☎276-0249 ; www.bu-mtl.com ; 5245 bd Saint-Laurent ; ☺17h-1h ; Ⓜ Laurier)

Café Olimpico
CAFÉ

16 🅟 Plan p. 98, B4

Connu pour son expresso, ce café italien sans chichis vaut aussi pour l'ambiance particulière due aux jeunes branchés, aux vieux messieurs et aux originaux habitués des lieux. La terrasse de cette institution constitue un poste d'observation de choix. (☎495-0746 ; www.cafeolimpico.com ; 124 rue Saint-Viateur Ouest ; ☺7h-minuit ; Ⓜ Laurier)

Caffè Italia
CAFÉ

17 🅟 Plan p. 98, B1

Une autre adresse phare du quartier italien, au charme rétro sans prétention. Elle séduit une clientèle de fidèles qui s'attarde devant un excellent expresso et des sandwichs simples. Le comptoir en Formica et les affiches du football italien délavées donnent le ton. (☎495-0059 ; 6840 bd Saint-Laurent ; ☺6h-23h ; Ⓜ De Castelneau)

Chez Serge
BAR

18 🅟 Plan p. 98, C4

Les matchs de hockey, le cadre résolument kitsch, les petits prix sur la bière et le taureau mécanique de rodéo attirent ici les jeunes du quartier (surtout les moins de 30 ans) dans une ambiance déjantée, à son meilleur lors d'événements sportifs. (☎270-3262 ; 5301 bd Saint-Laurent ; ☺17h30-3h lun-sam, 17h-3h dim ; Ⓜ Saint-Laurent, puis 🚌55)

Dieu du Ciel
MICROBRASSERIE

19 🅟 Plan p. 98, B5

Bondé chaque soir d'étudiants et de trentenaires, ce "broue-pub" (littéralement "bar à mousses") au décor sombre est réputé brasser les meilleures bières du Québec. Tentez la "Péché Mortel", stout emblématique de l'endroit, ou "L'Aphrodisiaque", aux accents de chocolat. (☎490-9555 ; www.dieuduciel.com ; 29 av. Laurier Ouest ; ☺15h-3h ; Ⓜ Laurier)

Le Club Social
CAFÉ

20 🅟 Plan p. 98, B4

Plein de cachet, le Club Social adopte la même formule à succès que son concurrent l'Olimpico : terrasse ensoleillée, café savoureux et ambiance animée et festive. (☎495-0114 ; 180 rue Saint-Viateur Ouest ; ☺8h-2h ; Ⓜ Laurier)

Notre-Dame-des-Quilles
BAR-BOWLING

21 🅟 Plan p. 98, C2

Dernier né des bars "hipster" du Mile End. On y va pour l'ambiance rétro-kitsch et pour y jouer aux quilles sur deux authentiques allées non mécanisées. Le menu ramène les Québécois à des souvenirs d'enfance plutôt qu'à la gastronomie, avec du macaroni au fromage, des *grilled cheese* et des hot-dogs élaborés. Repaire officieux des lesbiennes, au passage. (☎507-1313 ; 32 rue Beaubien Est ; ☺15h-3h ; Ⓜ Beaubien ou De Castelneau)

À savoir

Les bières du Québec

Le Québec n'a rien à envier à la Belgique : on trouve des bières de bonne qualité dans toutes les gammes.

▶ **Bières industrielles** – Les marques Molson et Labatt sont des bières filtrées, grand public, généralement de type Pilsner ou Lager.

▶ **Filtrées haut de gamme** – Disponibles dans la plupart des supermarchés et souvent disponibles à la pompe dans les bars, ce sont des valeurs sûres ; elles se déclinent en quatre couleurs : blanche, blonde, rousse et noire. Quelques marques : Boréale, Belle Gueule, Saint-Ambroise, U, Ricard's.

▶ **Microbrasseries** – De qualité variable ; les plus distribuées sont les bières Unibroue, les Brasseurs RJ, McAusland et les brasseurs de Montréal.

▶ **Les plus réputées** – Dieu du Ciel (voir p. 103), Unibroue, Charlevoix, Barberie, À l'abri de la tempête, Trou du Diable.

Les bières de microbrasserie peuvent être difficiles à trouver hors de leur région de production, sauf dans les "dépanneurs" (épiceries) spécialisés en bière. Le site Bières du Québec (www. bieresduquebec.ca) recense les microbrasseries, les "broue-pubs" ("bars à mousses") et les points de vente à travers la province.

Whiskey Café

LOUNGE

22 🚇 Plan p. 98, B3

Les cigares cubains côtoient les whiskies dans le cadre sélect de ce lounge huppé. Le fumoir bien aéré est séparé du bar principal qui propose 150 variétés de scotches, des vins, des portos, des formules dégustation de trois verres et quelques plats d'accompagnement. (📞278-2646 ; www. whiskycafe.com ; 5800 bd Saint-Laurent ; ⏰17h-1h lun-mer, jeu-ven 17h-3h, sam 18h-3h, dim 19h-1h ; Ⓜ De Castelnau puis 🚌55)

Sortir

Baldwin Barmacie

DISCO-LOUNGE

23 ⭐ Plan p. 98, B5

Ce bar-lounge propose de belles soirées en compagnie des habitants du quartier chic d'Outremont. Sa musique rock et disco fait chaque fois danser les adeptes dans la bonne humeur, dans le décor inspiré des sixties. (📞276-4282 ; www.baldwinbarmacie. com ; 115 av. Laurier Ouest ; ⏰17h-3h lun-sam, à partir de 19h dim ; Ⓜ Laurier)

Centre Fusion Culturel

MUSIQUE LIVE

24 ⭐ Plan p. 98, D3

Cet endroit semble être la définition même d'un lieu underground : situé dans un centre commercial étrange, il n'a pas d'enseigne et son décor est digne des caves médiévales de Paris... La petite salle programme des soirées

La microbrasserie Dieu du Ciel (p. 103)

avec DJ, des concerts, des soirées de théâtre d'impro, etc. (☎270-9331 ; http://cfc-montreal.tumblr.com ; 6388 rue Saint-Hubert ; Ⓜ Rosemont)

Il Motore
MUSIQUE LIVE

25 ⭐ Plan p. 98, B1

Dissimulé dans un banal entrepôt, cet espace de concert bien organisé permet de découvrir les derniers groupes de rock indé, de musique alternative et de pop du moment. (☎284-0122 ; www.ilmotore.ca ; 179 rue Jean-Talon Ouest ; ☺selon concerts ; Ⓜ De Castelnau ou Parc)

Royal Phoenix
BAR

26 ⭐ Plan p. 98, B4

Phare *queer* du Mile End, il constitue un bon point de départ pour

découvrir les autres établissements du quartier, de plus en plus nombreux. Événements allant du karaoké au tournoi de polochon, en passant par l'humour et la danse jusqu'aux petites heures du jour. (☎658-1622 ; www.royalphoenixbar.com ; 5788 bd Saint-Laurent ; ☺17h-3h ; Ⓜ De Castelnau puis 🚌55)

Shopping

Au Papier japonais
ORIGAMIS

27 🔒 Plan p. 98, B5

Les papiers et les objets faits d'origamis sont un délice pour les yeux et un défi pour l'imagination. Les lampes et les cerfs-volants font de beaux cadeaux, d'autant qu'ils se plient pour faciliter le transport. Des

© PASCAL DUMONT

Le Marché des saveurs

centaines de papiers sont en vente, tout aussi beaux les uns que les autres. (📞276-6863 ; www.aupapierjaponais.com ; 24 av. Fairmount Ouest ; ⏰10h-18h lun-sam, 10h-16h dim ; Ⓜ De Castelnau puis 🚌55)

Billie
MODE

28 🔒 Plan p. 98, A5

Une enseigne rococo remplie de trésors – chaussures brésiliennes sélectionnées avec soin, robes importées, jeans de créateurs, bijoux et somptueux cachemires – qu'il faut absolument explorer quand on aime la mode. Les coupes stylées justifient les prix élevés. (📞270-5415 ; www. billieboutique.com ; 1012 av. Laurier Ouest ; ⏰10h-18h lun-mer, jusqu'à 21h jeu-ven et 17h sam, 12h-17h dim ; Ⓜ Laurier puis 🚌51)

General 54
MODE

29 🔒 Plan p. 98, B4

Une trentaine d'artistes du Mile End et du reste du Québec sont à l'origine des articles en vente dans cette chouette petite boutique hétéroclite, avec T-shirts, chapeaux et bijoux originaux. (📞270-9333 ; http://general54. blogspot.ca ; 54 rue Saint-Viateur Ouest ; ⏰12h-17h sam-mer, jusqu'à 19h ven-sam ; Ⓜ De Castelnau puis 🚌55)

Jet-Setter
BAGAGES

30 🔒 Plan p. 98, B5

Sur 280 m², le nec plus ultra en matière de bagages et d'accessoires de voyage : alarme pour valise, T-shirts de poche, sous-vêtements et serviettes de toilette à séchage instantané, mini-fers à repasser et sèche-cheveux… (📞271-5058, 800-271-5058 ; www.jet-setter.ca ; 66 av. Laurier Ouest ; ◷lun-mer 10h-18h, jusqu'à 21h jeu-ven et 17h sam, 12h-17h dim ; Ⓜ️De Castelneau puis 🚌55)

Le marché des Saveurs
PRODUITS DU TERROIR

31 🔒 Plan p. 98, C1

Que du "made in Québec", de l'alimentation aux savons faits main en passant par les alcools (bières, hydromels, vins, cidres, etc.) Le magasin a été créé afin que les producteurs locaux puissent mieux promouvoir les spécialités de la province. (📞271-3811 ; www.lemarchedessaveurs.com ; 280 pl. du Marché-du-Nord ; ◷9h-18h sam-mer, jusqu'à 20h jeu-ven ; Ⓜ️Jean-Talon)

Local 23
MODE

Voir 22 🚻 Plan p. 98, B3

Une friperie qui propose des vêtements recyclés et vintage intéressants. Même si vous n'êtes pas féru d'occasion, sa sélection triée au cachet rétro vaut au moins le coup

d'œil. (📞270-9333 ; http://local23frip.blogspot.ca ; 23 rue Bernard Ouest ; ◷12h-18h, jusqu'à 19h jeu-ven ; Ⓜ️Rosemont)

Mimi & Coco
MODE

32 🔒 Plan p. 98, B5

La troisième enseigne de cette élégante marque de vêtements italiens en tricot vend également des articles en cuir, des robes et du sportswear chic pour homme, femme et enfant. Sur place, le bar à salades Mandy's sert de savoureux en-cas et déjeuners. (📞906-0349 ; www.mimicoco.com ; 201 av. Laurier Ouest ; ◷10h-18 lun-mer, jusqu'à 20h jeu-ven, 17h sam et 12h-17h dim ; Ⓜ️Laurier puis 🚌51)

Un Amour des thés
MAISON DE THÉ

33 🔒 Hors plan p. 98

Plus de 250 sortes de thés attendent dans les boîtes de cette charmante adresse. Parmi elles figurent des classiques et des curiosités comme le thé au cacao, aux myrtilles ou la crème d'Earl Grey. (📞279-2999 ; www.amourdesthes.com ; 1224 av. Bernard Ouest ; ◷10h-18h lun-ven, 9h-17h sam, 11h-17h dim ; Ⓜ️Beaubien ou Outremont et 🚌160)

Explorer

Hochelaga-Maisonneuve

On retrouve à "HoMa" les infrastructures futuristes construites pour les Jeux olympiques, dont certaines composent maintenant l'Espace pour la vie, un vaste centre d'interprétation de la nature : Biodôme, Jardin botanique, Insectarium et Planétarium. Le pôle sportif et culturel est complété par le stade Saputo et l'Esplanade, espace événementiel estival.

L'essentiel en un jour

☀ Commencez la journée au **Biodôme** (p. 111) de bonne heure, avant qu'il soit envahi par les groupes scolaires. Il est facile d'y passer la matinée entière, mais peut-être préfèrerez-vous profiter de la vue panoramique depuis la **tour de Montréal** (p. 113), accessible par un funiculaire, ou de la vue sur le cosmos au **Planétarium** (p. 111). Montez dans un **cyclopousse** (p. 117) pour rejoindre les lieux les plus vivants du quartier, en faisant un arrêt au **marché Maisonneuve** (p. 114) pour acheter de quoi pique-niquer au Jardin botanique, par exemple.

☀ L'après-midi, promenez-vous dans le **Jardin botanique** (p. 111), visitez les serres aux orchidées, et prenez le temps de découvrir au passage l'**Insectarium** (p. 111), sur le site même des jardins.

☾ Après un dîner à la mercerie des **Cabotins** (p. 115), le **Bistro In Vivo** (p. 116) est l'endroit par excellence pour prendre un verre, surtout les soirs de concert.

👁 Les incontournables

Espace pour la vie (p. 110)

🖤 Le meilleur du quartier

Bars et restaurants

Les Cabotins (p. 115)

Bistro In Vivo (p. 116)

Activités en famille

Biodôme (p. 111)

Insectarium (p. 111)

Planétarium (p. 111)

Comment y aller

Ⓜ **Métro** La ligne verte traverse le nord d'Hochelaga-Maisonneuve d'est en ouest. Trois stations permettent de rallier le quartier : Joliette, Pie-IX et Viau.

🚌 **Bus** Des lignes de bus desservent la partie sud du quartier : la ligne n° 125 Ontario, au départ des stations de métro Place-des-Arts et Frontenac, et la ligne n° 34 Sainte-Catherine, au départ des stations Papineau et Viau, toutes sur la ligne verte du métro.

Les incontournables
Espace pour la vie

Plus gros complexe dédié aux sciences naturelles du Canada, l'Espace pour la vie s'articule autour de quatre pôles regroupés dans l'est de la ville, aux environs du stade olympique. Plus anciens, le Jardin botanique et l'Insectarium sont parmi les plus importants au monde pour leurs collections. Sorte de zoo intérieur, le Biodôme héberge les quatre principaux écosystèmes du Canada. Enfin, inauguré en 2013, le Planétarium vient compléter l'ensemble, évoquant la possibilité de la vie sur d'autres planètes.

👁 Plan p. 112, C2

L'accès se fait surtout par l'avenue Pierre-de-Coubertin ou par la rue Sherbrooke.

📞 868-3000

www.espacepourlavie.ca

Ⓜ Pie-IX et Viau

Le jardin chinois

À ne pas manquer

Biodôme

Sous l'immense dôme vitré de l'ancien vélodrome, le **Biodôme** (tarif plein/senior/étudiant/enfant 17,75/16,75/13,50/9 $; audioguide 4 $; ⊘fermé lun sept-fév) fait traverser quelques écosystèmes majeurs des Amériques : forêt tropicale, érablière laurentienne, golfe du Saint-Laurent et mondes subpolaires.

Planétarium

Arborant une architecture ultramoderne où l'aluminium est à l'honneur, le **Planétarium** (tarif plein/senior/étudiant/enfant 18,75/17,75/14/9,50 $; ⊘dim-mar 9h-18h30, mer-sam 9h-22h30, jusqu'à 21h30 sept-mai) présente deux projections sous ses dômes : l'une ludique et sensorielle, l'autre plus pédagogique et traditionnelle, basée sur le ciel de Montréal.

Jardin botanique et Insectarium

Fondé en 1931 par le frère Marie-Victorin, le **Jardin botanique** (tarif plein/senior/étudiant/enfant 18,75/17,50/14/9.50 $ mi-mai-fin-juin 15,75/14,75/12/8 $ 1re quinzaine de mai et sept-déc gratuit -5 ans ; ⊘tlj 9h-18h été, 9h-21h automne, mar-dim 9h-17h le reste de l'année) rassemble plus de 22 000 espèces au sein de ses jardins de 75 ha et de sa dizaine de serres muséales. La collection d'orchidées vaut à elle seule le détour : le jardin en possède près de 5 000, exposées tour à tour lors de leur période de floraison. L'**Insectarium** (☎872-1400 ; entrée incluse dans billet Jardin botanique ; ⊘jusqu'à 18h juin-août, 21h sept-oct et 17h le reste de l'année) regroupe plus de 150 000 spécimens d'insectes.

Jardins thématiques

Le **jardin des Premières-Nations** présente de façon pédagogique les usages traditionnels et contemporains que les autochtones font de la forêt québécoise. Les Montréalais apprécient la promenade auprès des carpes dans le **Jardin japonais** et aiment flâner dans le somptueux **Jardin chinois**, de style Ming.

☑ À savoir

▶ La visite peut prendre une bonne journée. Des forfaits permettent de combiner les différents sites. Des navettes gratuites circulent entre les pôles, en haute saison.

▶ Une réduction est accordée pour tous les pôles aux résidents du Québec, sur présentation d'un justificatif.

✕ Une petite faim ?

Plusieurs cafétérias permettent de se restaurer sur le site, mais leur qualité est inégale et il n'y a aucun bistro digne de ce nom. Le **restaurant du Jardin botanique** (⊘juin-août) est le plus accueillant, avec sa terrasse fleurie et ses tapas servis de 16h à 20h. Les cafétérias du Biodôme sont plutôt bruyantes mais abordables. Le café du Planétarium est assez décevant. Des aires de pique-nique sont installées partout sur le site.

Avenue Laurier Est

Parc Lafond

Rue de Chambly

18e Av.

Bd St Joseph Est

Avenue Jeanne d'Arc

Avenue Charlemagne

Avenue d'Orléans

Avenue Bourbonnière

Boulevard Pie-IX

Parc Maisonneuve

Insectarium

Rue Sherbrooke Est

Rue Viau

Av. du Mont Royal Est

Jardin Botanique

Espace pour la vie

R. de Marseille

Boulevard Saint-Michel

Rue Joliette

R. Aylwin

R. Cuvillier

Rue Rachel Est

2

Esplanade

1

Parc Olympique

Planétarium

Biodôme

Viau

Rue Saint Germain

Rue Sherbrooke Est

R. Dézéry

R. Davidson

R. Nicolet

Pie-IX

Avenue Pierre-de-Coubertin

Avenue Desjardins

Avenue Letourneux

Avenue de la Salle

Avenue Bennett

Avenue Aird

Rue Sicard

Rue Leclaire

Rue Théodore

Rue Hochelaga

Rue Hochelaga

Joliette

Parc Lalancette

Parc Raymond-Préfontaine

Rue Darling

Rue de Rouen

Boulevard Pie-IX

Parc de Roue-Bennett

Rue de Rouen

Rue Saint Clément

R. Préfontaine

Rue Ontario Est

R. St Germain

R. Dézéry

5

7

4 9

Parc Hochelaga

R. Drouin

Rue la Fontaine

R. Davidson

R. Cuvillier

Rue Aylwin

Rue Joliette

R. C. Wilson

Avenue Bourbonnière

Avenue Valois

R. de Chambly

R. Nicolet

Avenue d'Orléans

Avenue Jeanne d'Arc

Avenue Desjardins

Avenue Letourneux

Avenue Morgan

Avenue William David

Avenue Bennett

Avenue Aird

Rue Sicard

3

Parc Ovila-Pelletier

Rue Ontario Est

Pa St-Clém

Rue la Fontaine

Rue Théodore

R. Leclaire

R. Adam

6

Rue Sainte-Catherine

8

Parc Morgan

Rue Notre-Dame Est

Rue Adam

R. de Rouville

Rue Sainte-Catherine

Rue Notre-Dame Est

5

Fleuve Saint-Laurent

0   400 m

A   B   C   D

1   2   3   4   5

Nos adresses

👁	Les incontournables	p. 110
👁	Voir	p. 113
✕	Se restaurer	p. 114
🍷	Prendre un verre	p. 116
⊕	Sports et activités	p. 117

Voir

Parc olympique STADE

1  Plan p. 112, B2

Créé pour les Jeux olympiques d'été de 1976, le complexe ne passe pas inaperçu dans le ciel montréalais. La pièce maîtresse en est le **Stade olympique**, fort de 56 000 sièges et surplombé par la **tour de Montréal** et son **funiculaire** (entrée côté Biodôme ; tarif plein/senior/étudiant/enfant 22,50/19,50/19,50/11,25 \$; ☺mar-dim 9h-22h et lun 13h-22h fin juin-août, jusqu'à 23h soirs de feux d'artifice, mar-dim 9h-18h et lun 13h-18h sept-mars), plus haute tour inclinée au monde. Structure gigantesque et audacieuse, le stade coûta le double des prévisions initiales et son toit rétractable ne fut achevé que 11 ans après les JO. Il a connu bien des avaries, la toile du toit s'étant déchirée à plusieurs reprises sous le poids de la neige. Jusqu'en 2004, le stade était l'hôte de l'équipe de base-ball des Expos de Montréal, maintenant partie à Washington DC. Il sert aujourd'hui surtout pour de grands concerts et des salons. (☎252-4737 ; www. parcolympique.ca ; 4545 av. Pierre-de-Coubertin ; tarif plein/senior/étudiant/enfant 9/8/12/4,50 \$; ☺visite guidée tlj 10h30-16h30 fin juin-août 11h-15h30 reste de l'année).

Le parc olympique

Comprendre
Hier secteur industriel, demain quartier branché ?

Difficile d'oublier que des groupes criminalisés comme les Hell's Angels dominaient le quartier jusqu'au début des années 2000. La "guerre des motards" avait alors fait beaucoup de victimes entre les bandes ennemies, tuant au passage un jeune garçon de 11 ans et suscitant l'indignation partout dans la ville. Le secteur héberge toujours une population pauvre et même "difficile" ; on s'y sent parfois vulnérable, notamment en soirée, si l'on s'éloigne du secteur touristique. Pour apprécier les contrastes du secteur, promenez-vous le jour dans les rues Ontario et Sainte-Catherine Est, où le nouveau HoMa bobo des cafés et restos côtoie les bâtiments abandonnés et délabrés qui caractérisent toujours Hochelag', pauvre et brut. Une nouvelle génération d'entrepreneurs locaux cherche son équilibre pour remonter le niveau du quartier tout en incluant les résidents de longue date, moins aisés financièrement.

Musée du château Dufresne
MUSÉE

2 Plan p. 112, B2

Construite entre 1915 et 1918 dans le style Beaux-Arts, la demeure bourgeoise jumelée des frères Dufresne abrite un musée où l'on peut admirer la somptueuse décoration ainsi que le mobilier d'origine. On y voit notamment les fresques et vitraux de l'artiste Guido Nincheri. Son atelier, situé quelques rues plus loin, n'est ouvert qu'aux groupes d'au moins 15 personnes. (☏259-9201 ; www.chateaudufresne.com ; 2929 av. Jeanne-d'Arc ; tarif plein/senior/étudiant/enfant 9/8/8/5 $; ☺mer-dim 10h-17h, visite guidée 13h30 et 15h30).

Marché Maisonneuve
MARCHÉ PUBLIC

3 Plan p. 112, C3

L'ancien bâtiment du marché est typique du style Beaux-Arts de l'ancienne ville de Maisonneuve. Le superbe édifice abrite désormais un centre social, mais un marché couvert attenant permet de s'alimenter en produits du terroir. La fontaine monumentale est l'œuvre d'Alfred Laliberté, tout comme le bronze des petits baigneurs devant les **bains publics Morgan** (1875 bd Morgan) avoisinants. (4445 rue Ontario Est ; ☺lun-mer et sam 7h-18h, jeu-ven 7h-20h, dim 7h-17h).

Se restaurer

Atomic Café/le 7ᵉ
CAFÉ-BAR **$**

4 Plan p. 112, A4

À la fois café rétro-kitsch et club vidéo de répertoire, l'Atomic séduit par sa

© PASCAL DUMONT

Les Cabotins

déco vintage et son ambiance, tout comme par son menu hétéroclite qui propose des sandwichs et des smoothies santé aussi bien que des classiques enfantins bien québécois comme le flotteur (soda + crème glacée vanille), le Kool-aid, le lait chaud au Nutella ou les Pop-Tarts. (596-0854 ; 3606 rue Ontario Est ; sandwichs 6-8 \$; ☺lun-ven 8h30-minuit, sam 9h-minuit, dim 10h-minuit ; Ⓜ Joliette ; 🛜)

Le Valois FRANÇAIS $$

5 Plan p. 112, A4

Sans doute la meilleure terrasse du quartier, ce bistro très populaire est cependant de qualité inégale et le service est souvent maladroit. Le

tartare est une valeur sûre. (✆528-0202 ; 25 pl Simon-Valois ; plats 12-29 \$, menu 20 \$ après 21h30 ; ☺lun-ven 8h-minuit, sam-dim 9h-minuit ; Ⓜ Joliette)

Les Cabotins FRANÇAIS $$

6 Plan p. 112, D4

Installé dans une ancienne mercerie, ce bistro exploite la thématique de la couture à travers une déco originale où se côtoient abat-jour, mannequins, boutons et chaussettes (propres). La carte s'inspire surtout des saveurs du Sud-Ouest, proposant des produits de saison dans une ambiance familiale et chaleureuse. (✆251-8817 ; 4821 rue Sainte-Catherine Est ; plats 15-21 \$; ☺soir tlj, brunch 10h30-14h30 dim ; Ⓜ Viau)

Les Canailles

FRANÇAIS $$$

7 Plan p. 112, A4

Fruits de mer, poissons et "hamburger HoMa" au foie gras aux présentations alléchantes font de ce petit bistro un endroit fort populaire. Pensez à réserver et apportez votre vin (voir p. 152). (☎526-8186 ; http://lescanailles.ca ; 3854 rue Ontario Est ; plats 20-30 $; ☺soir tlj, brunch dim ; Ⓜ Joliette).

Prendre un verre

Bistro In vivo

BISTRO CULTUREL

8 🔔 Plan p. 112, C4

Bistro coopératif, à la fois salle de spectacle, terrasse et lieu de diffusion culturelle. Le résultat est fort séduisant, à la fois design, sobre et dynamique. Le menu de ce rendez-vous des trentenaires change constamment. On y apprécie les soirées jazz du jeudi et les bières locales servies à la pression. (☎223-8116 ; 4264 rue Sainte-Catherine Est ; plats 10-15 $; ☺lun-mer 17h-23h, jeu-ven 17h-minuit, sam 10h-minuit, dim 10h-17h)

Espace Public

MICROBRASSERIE

9 🔔 Plan p. 112, A4

Ouvert début 2012, l'endroit a rapidement acquis sa réputation, brassant quelques bières et diffusant les créations d'autres brasseries québécoises dans une ambiance

© PASCAL DUMONT

Bistro In vivo

chaleureuse, tamisée et sans chichis. Concerts certains soirs. (☎419-9979 ; 3632 rue Ontario Est ; ◷tlj 15h-3h)

Sports et activités

Vélopousse   TOURS DE RICKSHAW

Voir **1** ◉ Plan p. 112, C2

Ce nouveau service est une initiative locale qui permet de mieux saisir la dualité socio-économique du quartier (voir l'encadré p. 114). Le tour guidé en tricycle-rickshaw fait une boucle en passant par la place Valois, le Chic Resto Pop (une cafétéria populaire), le Bistro In Vivo et enfin le marché Maisonneuve. (Départ de la tour de Montréal ; 5 \$, gratuit -8 ans ; ◷mer 11h-13h, jeu-dim 11h-19h ; Ⓜ Viau)

100 % montréalais
Le sport à l'honneur

Voisin du Stade olympique côté boulevard Viau, le **stade Saputo** accueille depuis 2008 les matchs de la nouvelle équipe de football Impact Montréal. Près du parking, le **Sifflet/Big-O** est une curieuse structure de béton conçue à l'origine pour le passage des athlètes olympiques, devenue un incontournable de l'univers du skateboard. Du côté du boulevard Pie-IX, l'**Esplanade** accueille nombre d'événements culturels et sportifs gratuits, de la salsa en plein air aux concerts. La majorité des fédérations sportives québécoises ont leurs bureaux dans le Parc olympique.

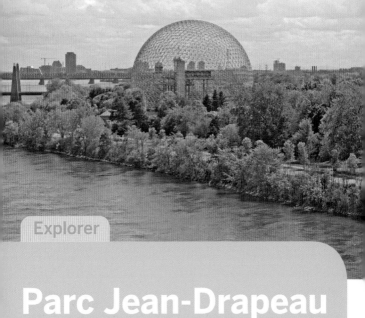

Explorer

Parc Jean-Drapeau

Espace vert de 268 hectares s'étendant sur les îles Sainte-Hélène et Notre-Dame, le parc Jean-Drapeau trône au milieu du Saint-Laurent. Par beau temps, cyclistes, joggeurs et adeptes du roller parcourent le parc en long et en large. D'autres optent pour une paisible promenade dans la roseraie et le long des petits canaux pour jouir de la vue splendide sur Montréal et le fleuve en toile de fond.

L'essentiel en un jour

☀️ Le parc Jean-Drapeau est tranquille au petit matin, ce qui le rend propice à la promenade contemplative au milieu des installations restantes de l'**Expo 67** (p. 121), en passant par le parterre de l'île Sainte-Hélène jusqu'au belvédère, là où se trouve la sculpture **L'Homme** (p. 121). Marchez ensuite vers la **Biosphère** (p. 123) ; même sans visiter son musée, la structure impressionne. Rendez-vous ensuite au **musée Stewart** (p. 123) jusqu'au déjeuner. Vous aurez pris soin d'apporter un pique-nique.

☀️ Selon vos envies, vous passerez l'après-midi au parc d'attractions **La Ronde** (p. 125) ou vous **louerez un vélo** (p. 125) pour faire le tour du **circuit Gilles-Villeneuve** (p. 121). Le **jardin des Floralies** (p. 121) est un endroit de choix pour flâner, mais s'il fait très chaud, vous pourrez vous détendre à la **plage des îles** (p. 125).

🌙 Ouvert 24h/24, le **Casino de Montréal** (p. 124) abrite quatre restaurants, assez chers, et deux bars. Mieux vaut se rabattre sur les adresses du Vieux-Montréal (p. 56) ou du centre-ville (p. 34).

 Les incontournables

Parc Jean-Drapeau (p. 120)

💜 **Le meilleur du quartier**

Art et architecture

La Biosphère (p. 123)

L'Homme (p. 121)

Casino de Montréal (p. 124)

Activités de plein air

Piknic Electronik (p. 124)

La Ronde (p. 125)

Circuit Gilles-Villeneuve (p. 121)

Plage des îles (p. 125)

Comment y aller

Ⓜ **Métro** La station Jean-Drapeau sur la ligne jaune est située au centre de l'île Sainte-Hélène.

🚌 **Bus** Le bus n° 777 au départ de la station Jean-Drapeau dessert le Casino toute l'année ; le bus n° 767 se rend à La Ronde et à la plage lorsque ces sites sont ouverts. Le bus n° 769 rejoint La Ronde depuis la station de métro Papineau.

⛴️ **Bateau** Une navette (📞281-8000 ; www.navettesmaritimes.com ; quai Jacques-Cartier ; aller 7,50 $; 🕐tlj toutes les heures fin-mai à mi-oct) part du Vieux-Port. Transport des vélos gratuit.

Les incontournables
Parc Jean-Drapeau

Site militaire au XVIIe siècle, l'île Sainte-Hélène fut fusionnée avec l'île Ronde (site de l'actuel parc d'attractions) en 1967, dans la foulée de l'Exposition universelle de Montréal, alors même que sa voisine, l'île Notre-Dame, était créée de toutes pièces à partir du matériau excavé lors de la construction du métro. Outre son cadre reposant, l'archipel abrite un casino digne de Las Vegas, un circuit de Formule 1, un parc d'attractions, et un lac propice à la baignade avec une plage artificielle.

👁 Plan p. 122, B2

www.parcjeandrapeau.com

Îles Sainte-Hélène et Notre-Dame

Accès libre

🕐 6h-22h

Ⓜ Jean-Drapeau

Le parc d'attractions du parc Jean-Drapeau

À ne pas manquer

Expo 67 - Terre des Hommes

Des quelque 75 pavillons originaux de l'Expo 67, seuls une quinzaine subsistent, le plus impressionnant étant sans nul doute la Biosphère (p. 123), ancien pavillon des États-Unis dessiné par l'architecte Buckminster Fuller. Le pavillon de la France abrite désormais le casino de Montréal (p. 124). On y voit aussi les pavillons du Canada, de la Tunisie et de la Jamaïque, ainsi que des vestiges du pavillon de la Corée et de la place des Nations.

Jardin des Floralies

Sur l'île Notre-Dame, ce jardin de 25 ha compte quelque 5 000 rosiers et 100 000 fleurs annuelles. Il accueille de nombreuses œuvres rescapées de l'Expo 67, dont un totem Kwakiutl (un peuple amérindien), une fontaine Wallace et un moulage grandeur nature d'une tête de Moai (île de Pâques).

Circuit Gilles-Villeneuve

Gilles Villeneuve, le père de Jacques Villeneuve, remporta l'épreuve inaugurale de 1978 du Grand Prix du Canada sur ce circuit, rebaptisé à son nom à son décès en 1982. Lorsqu'il n'est pas utilisé pour la Formule 1 ou les séries Nascar, les rollers et les vélos investissent le site (pour la location, voir p. 125). (Île Notre-Dame ; ⊙tlj 6h-22h ; 🚇767)

L'Homme

La plus emblématique des sculptures du parc fut réalisée par Alexander Calder pour l'Expo 67. Rappelant le style des fameux mobiles de l'artiste, elle fait face au fleuve sur le belvédère de la rive nord de l'île. C'est à cet endroit qu'a lieu chaque dimanche d'été le Piknic Electronik (voir p. 124).

☑ À savoir

▶ Il est déconseillé de se rendre sur les îles en voiture en raison des tarifs élevés pour le parking (1h/2h/journée 6/12/16 $).

▶ Le parc est ouvert toute l'année, mais ses activités sont très réduites hors saison estivale, à l'exception des activités hivernales (fin jan-début mars).

✗ Une petite faim ?

Des kiosques de **restauration rapide** se trouvent au pavillon d'accueil près du métro, au complexe aquatique, sur le site de La Ronde, au jardin des Floralies, au chalet de la plage et au pavillon de la Tunisie. En famille, il mieux vaut prévoir un pique-nique.

A **B** **C** **D**

Champ-
de-Mars
M

Bd René-Lévesque Est

Rue Notre-Dame Est

Av Viger Est

Bd Ville-Marie

1

M
Champ-
de-Mars

Rue Notre-Dame Est

Île
Sainte-Hélène

Pont Jacques-Cartier

Bassin de l'Horloge

Quai
de l'Horloge

Fleuve Saint-Laurent

Lac
aux
Dauphins

Port
Sainte-
Hélène

Chemin MacDonald

Tour de L'Isle

2

2

*Parc
Jean-Drapeau*

5
7

Parc
de la Cité-
du-Havre

4

Complexe
aquatique de
l'île Sainte-Hélène

Jean-Drapeau

M

1

Chemin MacDonald

Pont Jacques-Cartier

Longueui

Pont de la Concorde

Lac des
Cygnes

Kiosque
d'information

Chenal Le Moyne

M
LONGUEUI

6

Place
des Nations

Pont des îles
Pierre-Dupuy

Chenal du Chenal-le-Moyne

3

Circuit Gilles-Villeneuve

Floralies

Av du Casino

3

Bassin olympique

Voie maritime

Autoroute Jean-Lesage

Parc
de la Voie
Maritime

Rue Riverside

Île Notre-
Dame

Lac des
Régates

4

Bd Taschereau

Bd Desaulniers

Pont Victoria

Bd Desaulniers

SAINT-LAMBERT

Av Victoria

Bd Sir
Wilfrid Laurier

5

Club de golf
Saint-Lambert

0   500 m

Voir

Biosphère

1  Plan p. 122, B2

La structure en forme de sphère composée de triangles métalliques soudés était recouverte d'un polymère à l'origine, mais celui-ci fut ravagé par le feu en 1976. La Biosphère abrite aujourd'hui un centre d'interprétation consacré à l'eau, à l'écosystème du Saint-Laurent et aux écotechnologies émergentes, mais sa fermeture a été annoncée et l'usage futur du pavillon demeure incertain. (283-5000 ; 160, chemin Tour-de-l'Isle ; http://biosphere.ec.gc.ca ; île Sainte-Hélène ; tarif plein/étudiant et senior 12/8 $, gratuit -18 ans ; 10h-18h juin-oct, 10h-17h mar-dim nov-mai ; M Jean-Drapeau)

Musée Stewart

2 Plan p. 122, C2

Hébergées dans un ancien fort britannique, les collections de ce musée historique embrassent différentes facettes de la vie humaine de l'ancienne colonie : économique, scientifique, artistique et militaire. Des animateurs en costume d'époque incarnent différents personnages et des défilés militaires ont lieu chaque jour (14h et 15h) en été. (861-6701 ; www.stewart-museum.org ; île Sainte-Hélène ;

La Biosphère

Piknic Electronik

tarif plein/étudiant, jeune et senior 13/10 $, gratuit -7 ans ; ⊙mer-dim 10h-17h fin mai-début oct, 10h-17h mer-lun début oct-fin mai ; ⓂJean-Drapeau)

Sortir

Casino de Montréal

CASINO

3 ⭐ Plan p. 122, B3

Le casino de Montréal a élu domicile en 1993 dans l'ancien pavillon français de l'Exposition universelle et connaît depuis un franc succès. Avec ses 3 000 machines à sous et ses 120 tables de jeu, c'est le plus important du Québec. L'alcool n'a pas droit de cité à l'intérieur, sauf dans ses deux bars et les quatre espaces restaurant au 5e étage. (☏392-2746 ; 1 av. du Casino, île Notre-Dame ; ⊙24h/24 ; ⓂJean-Drapeau, puis 🚌777)

Piknic Electronik

4 ⭐ Plan p. 122, B2

La popularité de cette discothèque en plein air ne se dément pas. Les DJ passent de la musique électronique sur deux scènes et l'on peut danser ou se prélasser sur l'herbe. L'alcool est interdit sur le site mais l'on peut bien sûr y pique-niquer (pas de contenant en verre). (www.piknicelectronik.com ; Place de l'Homme, Île Sainte-Hélène ; 14 $; ⊙14h-21h dim mi-mai à sept)

Sports et activités

La Ronde
PARC D'ATTRACTIONS

5 Plan p. 122, C2

Le plus grand parc d'attractions du Québec possède des manèges impressionnants comme le *Monstre* – les plus hautes montagnes russes doubles en bois du monde – et le *Goliath*, les montagnes russes les plus hautes et les plus rapides du Canada (110 km/h). Il accueille tout l'été des concerts et des spectacles, tandis que des feux d'artifice illuminent le ciel nocturne le week-end. (☎397-2000 ; www.laronde.com ; île Sainte-Hélène ; tarif plein/enfant de -1,37 m et senior 53/37 \$, tarifs réduits si achat en ligne ; ☉11h-20h

---

Le culte du Bixi
100 % montréalais

Depuis 2009, les Montréalais ne jurent que par le **Bixi** (www.bixi. com ; frais minimum 24h/72h 7/15 \$; ☉avr-nov), un vélo en libre-service accessible aux quatre coins de la ville. Il suffit de se rendre à l'une des 5 000 stations disséminées dans la ville et d'insérer sa carte de crédit à la borne de paiement. Les premières 30 minutes sont incluses dans la location. Au-delà, des frais s'appliquent par tranche de 30 minutes. Si vous cumulez plusieurs locations pendant la période, les frais minimum ne seront chargés qu'une seule fois.

---

juin-août, week-end mi-mai à juin et sept ; **M** Jean-Drapeau, puis 🚌767 ou **M** Papineau, puis 🚌769)

Écorécréo
LOCATION D'ÉQUIPEMENT

6 Plan p. 122, B3

Près du pont des îles, cette entreprise assure depuis peu la location de vélos (10 \$/heure) et de vélos électriques (15 \$/heure) en plus d'offrir des tours guidés en Segway (35-60 \$). L'hiver, on peut prendre part à un tour de traîneau à chiens (adulte/enfant -41 kg 65/55 \$ les 30 minutes) ou à une rando guidée en raquettes (35 \$/1 heure 30, à partir de 16 ans) ou encore louer des raquettes (8 \$/2 heures) ou des skis de fond (15 \$/2 heures). (☎465-0594 ; 75 Ch. Macdonald ; île Sainte-Hélène ; www.ecorecreo.ca ; ☉tlj 10h-18h mi-juin à août, sam-dim 12h-17h mi-mai à mi-juin et sept, jeu-lun 11h-19h fin jan-fin mars ; **M** Jean-Drapeau)

Plage des Îles
BAIGNADE

7 Plan p. 122, A4

Les beaux jours d'été, cette plage de sable artificielle au bord du lac des Régates peut accueillir jusqu'à 5 000 baigneurs. Propre et sûre, elle convient parfaitement aux enfants. On trouve aussi sur place un terrain de volley, des installations pour pique-niquer et des snack-bars ainsi que des embarcations en location (5 \$/pers/heure). (☎872-6093 ; île Notre-Dame ; adulte/-14 ans 8/4 \$; ☉10h-19h, mi-juin à fin-août ; 🚌767)

Explorer

Ville de Québec

La ville de Québec, unique ville fortifiée d'Amérique du Nord, est la capitale et le foyer de l'identité québécoise. En contrepoids de la cosmopolite Montréal, Québec apparaît plus touristique et provinciale. Il faut s'aventurer hors des remparts, dans le quartier Saint-Roch et le faubourg Saint-Jean-Baptiste, pour sentir battre le rythme authentique et populaire de la ville.

L'essentiel en un jour

☀️ Commencez la journée en vous promenant dans le Vieux-Québec. Dirigez-vous vers la **terrasse Dufferin** (p. 129), où vous profiterez de la vue sur le Saint-Laurent et sur le château Frontenac. Descendez sous la terrasse, où reposent les vestiges du **château Saint-Louis**, l'ancienne demeure du gouverneur (p. 133). Prenez ensuite l'escalier Casse-Cou au niveau de la côte de la Montagne, ou le funiculaire au niveau du kiosque Frontenac, pour rejoindre le **quartier Petit-Champlain** (p. 129). Ne manquez pas la **place Royale** (p. 129), qui constitue le cœur historique de la ville.

☀️ Remontez dans le **Vieux-Québec**, le long de la rue Saint-Jean. Vous pourrez alors vous restaurer au café **Chez Temporel** (p. 138) ou un peu plus loin, **Chez Boulay Bistro Boréal** (p. 139). Ensuite, visitez la **Citadelle** (p. 133) puis les **plaines d'Abraham** (p. 135). Autre alternative : restez dans la Basse-Ville (p. 130) et visitez le **musée de la Civilisation** (p. 134).

🌙 En début de soirée, flânez dans le **quartier Saint-Roch**, à 1 km à l'ouest des quartiers historiques. Vous pourrez alors dîner au **Café du Clocher Penché** (p. 138) ou au **Cercle** (p. 138). Si vous êtes en forme, terminez la soirée dans le faubourg Saint-Jean-Baptiste, en prenant un verre en terrasse au **Sacrilège** (p. 139), puis enflammez la piste du **Dagobert** (p. 140).

👁 **Les incontournables**

Vieux-Québec (p. 128)

🔍 **100% québécois**

Quartier Saint-Roch (p. 130)

💜 **Le meilleur de la ville**

Histoire

Lieu historique des Forts-et-Châteaux-Saint-Louis (p. 133)

Centre d'interprétation de Place-Royale (p. 134)

Citadelle (p. 133)

Bol d'air

Plaines d'Abraham (p. 135)

Ethnologie

Musée de la Civilisation (p. 134)

Comment y aller

🚌 **Bus** Le n° 800 relie la place d'Youville au quartier Saint-Roch. Le n° 1 relie la Basse-Ville (rue Dalhousie) au quartier Saint-Roch. Le n° 801 relie la place d'Youville à Sainte-Foy, en remontant le bd René-Lévesque Est.

🚗 **Voiture** Mieux vaut ne pas circuler en voiture dans Québec, les rues sont encombrées et il est difficile de stationner.

Les incontournables
Vieux-Québec

Entouré de remparts, habillé des hautes façades en pierre des anciennes demeures de la Nouvelle-France, le Vieux-Québec se prête idéalement à la balade et à la découverte. Une flânerie quelque peu sportive, car de nombreuses rues affichent un bon dénivelé ! Nombre de sites sont concentrés dans ce quartier, à commencer par le château Frontenac (p. 133). À ses pieds, la vaste terrasse Dufferin, qui longe la falaise et surplombe le fleuve Saint-Laurent est très animée, surtout en été, avec ses musiciens et ses spectacles de rue.

◉ Plan p. 132

Les bus n° 800 et 801 relient respectivement le centre-ville à Saint-Roch et à l'université Laval.

La navette électrique Ecolobus sillonne le quartier historique, du Vieux-Port au Centre des congrès (1 $, www.rtcquebec.ca).

Le Vieux-Québec : vue sur le château Frontenac

À ne pas manquer

Terrasse Dufferin

Cette terrasse fut construite en 1838 sur les fondations du château Saint-Louis, détruit par les flammes quatre ans plus tôt. Elle mesurait à l'origine 50 m de long, et fut agrandie 40 ans plus tard pour atteindre sa longueur actuelle de 425 m. Cette promenade conduit aux plaines d'Abraham et offre un superbe panorama sur le Saint-Laurent et sur le château Frontenac. À son extrémité est se dresse le monument dédié à Samuel de Champlain. De là, à côté du funiculaire descendant au quartier Petit-Champlain, vous pouvez accéder par un escalier au joli parc Montmorency.

Quartier Petit-Champlain

On entre ici dans la partie la plus ancienne de Québec. Petit-Champlain est accessible par le funiculaire (1879) ou à pied par la côte de la Montagne et l'escalier Casse-Cou, le plus vieux de Québec. La rue du Petit-Champlain, sans doute la plus étroite et la plus ancienne d'Amérique du Nord, est très touristique, mais dégage tout de même une atmosphère plaisante. La place Royale, chargée de quatre siècles d'histoire, est un véritable enchantement. Elle occupe l'endroit où les colons s'installèrent lorsque Champlain fonda la ville de Québec en 1608. Ses principaux édifices datent des XVIIe et XVIIIe siècles.

Les fortifications

Les 4,6 km de fortifications qui enserrent la ville se visitent de mai à octobre. C'est une merveilleuse occasion de prendre la mesure du système défensif de l'unique ville fortifiée d'Amérique du Nord. Des visites pédestres guidées partant du kiosque Frontenac et se terminant au parc de l'Artillerie offrent de passionnantes explications.

☑ À savoir

▶ Les visites guidées des fortifications durent 1 heure 30 (tarif plein/senior/6-16 ans/famille 9,80/7,30/4,90/19,60 $; départ juin-août 10h tlj, jeu-dim sept-oct).

▶ Le funiculaire du Vieux-Québec relie la rue du Petit-Champlain à la terrasse Dufferin (☏ 418-692-1132 ; 16 rue du Petit-Champlain ; www.funiculaire-quebec.com ; 2 $; ⊙ tlj 7h30-23h45 en été, 7h30-23h15 en mi-saison, 7h30-22h45 en hiver).

▶ Le château Frontenac est un établissement hôtelier et ne se visite plus. Vous pouvez cependant prendre un verre dans l'un de ses nombreux bars.

✕ Une petite faim ?

▶ Le prix des consommations n'est guère plus élevé qu'ailleurs dans le **bar Le Saint-Laurent**, situé dans l'hôtel Frontenac, avec des baies vitrées ouvertes sur le fleuve. (☏ 418-692-3861; plats 13-36 $; ⊙ tlj 11h30-1h30).

100% québécois
Quartier Saint-Roch

Ancien faubourg sans attrait qui ne gagnait guère à être connu, Saint-Roch renaît de manière spectaculaire depuis une quinzaine d'années. C'est le nouveau quartier branché : plusieurs boutiques et restaurants s'y sont installés avec succès, à la suite des artistes qui ont participé à sa revitalisation en venant habiter les locaux industriels délaissés de cet ancien îlot manufacturier.

❶ Panorama sur un quartier branché

À l'extrémité de la rue Sainte-Claire, on aboutit à la limite de la Haute-Ville. Avant d'emprunter l'**escalier du Faubourg** (ou l'ascenseur, pour les moins sportifs) pour accéder à la Basse-Ville, profitez de la vue panoramique sur le quartier Saint-Roch. À droite, au pied de l'escalier, se trouve la coopérative d'artistes

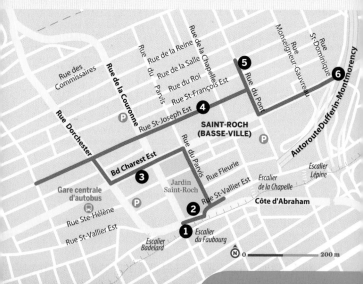

La Méduse : des ateliers et des aires d'exposition sont ouverts au public.

❷ De la verdure parmi les anciennes manufactures

L'aménagement du **jardin de Saint-Roch** sur un ancien terrain vague fut à l'origine de la renaissance du quartier. Il accueille les employés des nouvelles entreprises installées alentour (Ubisoft, les journaux *Le Soleil* et *Voir* notamment), qui viennent profiter de son cadre tranquille et du Wi-Fi.

❸ Arts en ébullition

À l'angle du boulevard Charest Est, ce sont les métiers d'art qui sont à l'honneur au **Centre Materia**. À un coin de rue vers l'est se trouve le bâtiment de facture industrielle en brique rouge **La Fabrique**, qui accueille l'École des arts visuels de l'université Laval et une galerie promouvant les recherches de pointe dans ce domaine.

❹ L'artère du quartier

Devant l'**église Saint-Roch**, on est au cœur du quartier. La rue Saint-Joseph invite à la flânerie ; plusieurs bars et restaurants se trouvent dans cette rue, notamment le Café du Clocher Penché (n°203, à l'angle de la rue Caron) et Le Cercle (n°128, en face). Sur la place, au coin de la rue de la Couronne, la **bibliothèque Gabrielle Roy** est un véritable centre culturel. Une immense fresque rendant hommage à la littérature est peinte sur son mur arrière.

❺ L'avant-garde en action

À trois coins de rue vers l'ouest, sur la rue du Pont, on peut visiter le centre d'art multidisciplinaire **Le Lieu** (au n°345), qui organise tous les deux ans (années paires) un festival d'art performance et programme des expositions de septembre à juin. Dans la même rue, la **galerie Morgan Bridge** (n°367) est davantage orientée vers les arts graphiques et le graff.

❻ Arts de rue

Lorsque l'on revient vers le Vieux-Québec, à la sortie du quartier, on passe sous les bretelles Dufferin-Montmorency. Le paysage est purement urbain ; heureusement que d'immenses **fresques** ont été peintes sur les piliers avec la participation de jeunes graffeurs du quartier.

A Rue Abraham-Martin B C D

1

*Bassin
Louise*

Rue Dalhousie

*Pointe à
Carcy*

Quai St-André 📍 **26**

Arrêt de bus
Gare du Palais

Rue St-Nicholas

Rue St-Paul

Côte Dinan

Côte de la Canoterie

Rue St-André

BASSE-VILLE

Rue St-Paul

Rue Prince-de-Galles

2

Rue St-Vallier Est

Côte des Remparts

Rue Charlevoix

Rue Hamel

Rue Coulliard

Rue St-Flavien

Rue Ferland

Rue St-Famille

Rue Sous-le-Cap 🍴 **13**

Rue Hébert

Rue St-Jacques

Rue St-Pierre 🛍 **4**

Rue Sault-au-Matelot

Rue Dalhousie

VIEUX-PORT

Côte du Palais

Rue Garneau

Côte de la Fabrique

**QUARTIER
LATIN
(VIEUX-
QUÉBEC)**

🏛 **9**

Rue Port-Dauphin

🍴 **19**

3

Parc de
l'Artillerie

Rue St-Stanislas

Rue St-Jean

18 👁

21

*Vieux-
Québec* 👁

Rue Chauveau

Rue des Jardins

Rue de Buade

🏛 **10**

🚻 **6**

Côte de la Montagne

Rue du Porche

Rue Notre-Dame

Rue Ste-Angèle

Rue Cook

Centre
Infotouriste

*Place
Royale*

👁 **7**

🛍 **8**

3

*Place
d'Youville*

Rue Dauphine

Rue Ste-Anne

Rue Ste-Ursule

Rue St-Denis

Rue du Trésor

Rue Domacona

*Place
d'Armes*

👁 **1**

Rue Ste-Anne

Rue du Petit-Champlain

Rue Sous-le-Fort

👁 **29**

🛍 **30**

*Quai
Chouinard*

*Ferry
vers Lévis (15 mi*

Parc de
l'Esplanade

20 📍

Ruelle des Ursulines

Rue d'Auteuil

Rue St-Louis

Rue Mont
Carmel

*Jardins
des
Gouverneurs*

🍴 **11**

Bd du Petit-Champlain

**QUARTIER
PETIT-
CHAMPLAIN**

🚻 **28**

Rue des Carrières

Av. Ste-Geneviève

Rue des Grisons

Rue des
Gouverneurs

4

Av. St-Denis

Côte de la Citadelle

HAUTE-VILLE

Terrasse Dufferin

Bd Champlain

Fleuve Saint-Laurent

Grande Allée Est

Av. George VI

*Cap
Diamant*

👁 **2**

*Parc de la
Francophonie* 🅿

*Parc
des Champs-
de-Bataille
(plaines
d'Abraham)*

Promenade des Gouverneurs

Bd Champlain

5

Av. George VI

Av. du Cap-Diamant

👁 **5**

Nos adresses

👁	Les incontournables	p. 128
👁	Voir	p. 133
🍴	Se restaurer	p. 137
🚻	Prendre un verre	p. 139
🛍	Shopping	p. 140
🤸	Sports et activités	p. 141

Voir

Lieu historique des Forts-et-Châteaux-Saint-Louis

LIEU HISTORIQUE

1 ◉ Plan p. 132, C3

Ouvert en 2012 après 7 années de fouilles, le site de l'ancienne résidence officielle du gouverneur de France est accessible au public. À 6 m sous la terrasse Dufferin, les visiteurs peuvent déambuler entre les murs du château et visiter les pièces telles qu'elles étaient lorsque les lieux ont été enfouis après l'incendie de 1834. Nombreuses activités. (☎418-648-7016 ; terrasse Dufferin ; ☉tlj 10h-18h mai-oct ; tarif plein/senior/6-16 ans/famille 3,90/3,40/1,90/9,80 $).

Citadelle

LIEU HISTORIQUE

2 ◉ Plan p. 132, B5

Cette citadelle massive en forme d'étoile, typique des forteresses de style Vauban, trône au sommet du cap Diamant et surplombe le Saint-Laurent. Sa visite guidée d'une heure s'avère essentielle pour comprendre l'importance stratégique et la raison d'être de Québec. En été, la relève de la garde a lieu tous les jours à 10h. (☎418-694-2815 ; www.lacitadelle.qc.ca ; côte de la Citadelle ; tarif plein/senior et étudiant/enfant/famille 10/9/5,50/25 $, gratuit jusqu'à 7 ans ; 2 heures de stationnement gratuit ; ☉tlj 10h-17h mai-sept, 10h-16h oct-avr).

Comprendre
Le château Frontenac

Le château Frontenac, achevé en 1893, constitue le symbole pérenne de Québec. Conçu par l'architecte new-yorkais Bruce Price, il porte le nom du flamboyant gouverneur (1672-1698) de la Nouvelle-France, Louis de Buade, comte de Frontenac. L'hôtel faisait partie des haltes de luxe du fameux réseau Canadien Pacifique reliant en chemin de fer Halifax et Vancouver. Inspiré des manoirs écossais et des châteaux de la Loire, il a été agrandi à plusieurs reprises (la dernière fois en 1993).

Sa silhouette spectaculaire hérissée de tours et de tourelles se profile sur les hauteurs du cap Diamant, au sommet d'une falaise qui plonge dans les eaux du Saint-Laurent. Le cadre naturel est en lui-même si spectaculaire qu'Alfred Hitchcock fit débuter *La Loi du silence* (1953) par cette image.

Pendant la Seconde Guerre mondiale, Winston Churchill, Franklin Roosevelt et le Premier ministre canadien William Lyon Mackenzie King participèrent ici à la conférence de Québec.

Rue Sous-le-Fort, dans le quartier Petit-Champlain

Centre d'interprétation de Place-Royale EXPO ET VISITES GUIDÉES

3 Plan p. 132, C3

Ce centre aux lignes épurées brosse un aperçu de 400 ans d'histoire de Québec et permet de suivre l'évolution de Place-Royale. Il évoque aussi la vie des Amérindiens, des colons français puis des immigrants britanniques. (☏418-646-3167 ; www.mcq.org ; 27 rue Notre-Dame ; tarif plein/senior/étudiant/12-16 ans 7/6/5/2 $, gratuit pour les moins de 12 ans ; entrée libre mar nov-mai, et de 10h à 12h sam jan-fév ; ⊙tlj 9h30-17h en été, mar-dim 10h-17h le reste de l'année).

Musée de la Civilisation ETHNOLOGIE

4 Plan p. 132, C2

Souvent pris d'assaut, il dresse un portrait passionnant des Québécois et de leur identité culturelle, des origines à nos jours. Les Amérindiens et les Inuits sont également évoqués dans le cadre de l'exposition permanente "Nous, les Premières Nations". (☏418-643-2158 ; www.mcq.org ; 85 rue Dalhousie ; tarif plein/senior/étudiant/12-16 ans 14/13/9/4 $; ⊙tlj 9h30-18h30 en été, mar-dim 10h-17h en hiver).

Parc des Champs-de-Bataille et plaines d'Abraham
LIEU HISTORIQUE

5 ◉ Plan p. 132, A5

Ce parc renferme les célèbres plaines d'Abraham, théâtre en 1759 de la bataille qui influença le cours de l'histoire de l'Amérique et durant laquelle les généraux Louis Joseph Montcalm et James Wolfe (victorieux) trouvèrent la mort. Un endroit agréable où les Québécois pique-niquent l'été, et pratiquent le ski de fond ou les raquettes l'hiver (location de matériel 10 \$). À travers l'exposition Odyssée, la **Maison de la découverte des plaines d'Abraham** retrace l'histoire du site. La **tour Martello 1** accueille une exposition sur le génie militaire. (☎418-649-6157 ; 835 av. Wilfrid-Laurier ; www.lesplainesdabraham.ca ; en été accès pour la journée (Odyssée, tour Martello, visite guidée en bus) tarif plein/senior et 13-17 ans/enfant 14/10/4 \$, en hiver, Odyssée seulement tarif plein/senior et 13-17 ans 10/8 \$ gratuit moins de 12 ans ; ☺tlj 10h-17h30 fin juin à début sept, 10h-17h le reste de l'année).

Basilique-cathédrale Notre-Dame-de-Québec
ÉDIFICE RELIGIEUX

6 ◉ Plan p. 132, C3

Cette basilique dont la construction débuta en 1647 fut plusieurs fois agrandie et réparée à la suite des guerres franco-anglaises. Détruite par un incendie, elle retrouva toute sa splendeur en 1925. (☎418-694-0665 ; 20 rue de Buade ; ☺tlj 7h30-20h30 fin juin-début sept, 7h30-16h sept-juin).

Maison Chevalier   MAISON HISTORIQUE

7 ◉ Plan p. 132, C3

Construite en 1752, cette maison est typique de l'architecture urbaine de la Nouvelle-France ; l'intérieur a été reconstitué avec du mobilier d'époque. Entrée libre les mardis, de novembre à mai, et de 10h à 12h les samedis de janvier à février. (☎418-643-2158 ou 1 866 710-8031 ; www.mcq.org ; 50 rue du Marché-Champlain ; tarif plein/senior et étudiant/enfant 5/4,50/2 \$ gratuit moins de 12 ans ; ☺tlj 9h30-17h fin juin-début sept, mar-dim 10h-17h hors saison).

Église Notre-Dame-des-Victoires
ÉDIFICE RELIGIEUX

8 ◉ Plan p. 132, C3

Édifié en 1688, ce modeste lieu de culte est la plus ancienne église en pierre d'Amérique du Nord. Elle se dresse à l'endroit même où, 80 ans plus tôt, Champlain avait construit sa première "habitation". (☎418-692-2533 ; 32 rue Sous-le-Fort ; ☺tlj 9h30-20h30 mai-15 oct, 10h-16h hors saison).

Musée de l'Amérique française
MUSÉE D'HISTOIRE

9 ◉ Plan p. 132, B3

Sur le site historique du séminaire de Québec (la première institution bâtie au Québec), ce musée retrace l'histoire des migrations et le début de la culture française en Amérique du Nord. Large collection d'œuvres d'art, de meubles et d'instruments de musique. Entrée libre les mardis, de novembre à mai,

A | B | C | D

1

Rue du Prince-Édouard
Rue des Commissaires
Rue Dorchester Est
Rue de la Reine
Rue de la Salle
Rue du Pont
Rue de la Chapelle
Rue du Parvis
Rue de la Couronne
Rue du Roi
Rue St-François Est
Monseigneur-Gauvreau
Rue St-Dominique
Rue St-Vallier Est
Autoroute Dufferin-Montmorency
Rue St-Roch
Rue Vallières
Gare du Palais
Rue St-Paul

SAINT-ROCH (BASSE-VILLE)

17 🍴 Rue St-Joseph Est
16 🍴 Bd Charest Est
Gare centrale d'autobus
Rue Ste-Hélène
Rue St-Vallier Est
Rue Christophe Colomb Est
Rue de l'Église
Rue Fleurie
Escalier de la Chapelle
Escalier du Faubourg
Escalier Badelard
Escalier Lépine
Côte d'Abraham
Côte Ste-Geneviève
Rue Ste-Marie
Escalier des Glacis
Côte Samson
Rue des Glacis
Av Honoré Mercier
Rue St-Augustin
Rue McMahon
Côte de la
Parc de l'Artillerie
Place d'Youville
Parc de l'Esplan

2

Rue Lavigueur
Rue de la Tourelle
Rue St-Olivier
Rue Richelieu
Rue d'Aiguillon
Rue St-Jean
Escalier Lavigueur
Rue Philippe-Dorval
22 🍷 Rue St-Gabriel
15 🍴
Rue St-Joachim
Centre des congrès de Québec

3

SAINT-JEAN-BAPTISTE (HAUTE-VILLE)
12 🍴
Av De Salaberry
Rue Lockwell
Chemin Ste-Foy
Rue Crémazie Est
Bd René-Lévesque Est
Rue du Bon Pasteur
Parc de l'Amérique-Française
Rue Berthelot
Rue de l'Amérique-Française
Rue Prévost
Rue Ste-Julie
Rue St-Amable
25 ⭐
24 ⭐
23 🍷
Parc de la Francophonie
Grande Allée Est
Av George V
Centre Infotouri
Parc de l'Esplan

COLLINE PARLEMENTAIRE
HAUTE-VILLE
Av Wilfrid-Laurier
Rue Crémazie Ouest
Rue Fraser
Bd René-Lévesque Ouest
Av de la Tour
Av Turnbull
Av Tache
Av George VI
Parc Jeanne-d'Arc

4

Rue Aberdeen
Av Cartier
27 🛍️
Av Bourlamaque
Rue Saunders
Grande Allée Ouest
Av Briand
Av Galipeault
Rue De Bernières
Parc des Champs-de-Bataille (plaines d'Abraham)
Escalier du Cap-Blanc

5

Vers le musée des Beaux-Arts
Av Wolfe
Av George VI
Av Garneau
Av O

🧭 N 0 _____ 400 m

Nos adresses

🍴 Se restaurer — p. 137
🍷 Prendre un verre — p. 139
⭐ Sortir — p. 140
🛍️ Shopping — p. 140

et de 10h à 22h les samedis de janvier à février. (☎418-692-2843 ou 1-866-710-8031 ; www.mcq.org/fr/maf/ ; 2 côte de la Fabrique ; tarif plein/senior/étudiant/12-16 ans 8/7/5,50/2 $; ☉tlj 9h30-17h fin juin-début sept, mar-dim 10h-17h sept-juin).

Musée du Fort
DIORAMA

10 ⦿ Plan p. 132, B3

Ce petit musée fait revivre les six sièges de Québec via un diorama en son et lumière de 30 minutes qui constitue une bonne introduction à l'histoire de la ville. En français toutes les demi-heures. (☎418-692-2175 ; www.museeedufort.com ; 10 rue Sainte-Anne, près du château Frontenac ; tarif plein/senior/étudiant 8/6/5 $; ☉tlj 10h-17h avr-oct, jeu-dim 11h-16h fév, mars et nov, tlj 11h-16h pendant les fêtes).

Musée national des Beaux-Arts du Québec
MUSÉE

⦿ Plan p. 136, B5

Les plus grands artistes de la province sont représentés par plus de 35 000 œuvres (peinture, arts décoratifs, sculpture, photographie, etc.). Les expositions temporaires présentent généralement des rétrospectives de grands maîtres. Ne manquez pas la collection d'art inuit Raymond Brousseau (p. 155). (☎418-643-2150 ; www.mnba.qc.ca ; parc des Champs-de-Bataille ; adulte/senior/étudiant/12-17 ans/famille 15/12/7/4/30 $, gratuit -12 ans ; ☉tlj 10h-18h, mer jusqu'à 21h été, mar-dim 10h-17h et mer jusqu'à 21h hiver).

Se restaurer

Madame Gigi
SPÉCIALITÉS D'ÉRABLE $

11 ✕ Plan p. 132, C4

Institution du quartier, cette boutique concocte des spécialités au sirop et au sucre d'érable. Si vous n'avez pas encore goûté à l'infinie palette des sucreries québécoises, c'est l'endroit idéal ! (☎418-694-2269 ; 84 rue du Petit-Champlain ; ☉tlj 9h-21h30 en été, fermé dim en hiver)

Chez Victor
HAMBURGERS $

12 ✕ Plan p. 136, A3

Des burgers améliorés et gourmands, cuisinés avec du bœuf ou des viandes plus originales, comme du sanglier, du wapiti ou du cerf. Sauces maison (romarin/érable, curry/ail, aneth). Accueil dynamique et sans prétention. Plusieurs adresses à Québec. (☎418-529-7702 ; 145 rue Saint-Jean ; plats 12,75-15,50 $; ☉dim-mar 11h30-21h mer-jeu 11h30-21h30, ven-sam 11h30-22h, 30 min plus tard en été).

Buffet de l'Antiquaire
QUÉBÉCOIS $

13 ✕ Plan p. 132, C2

Ce snack-bar des années 1950 est un incontournable si vous désirez goûter la cuisine québécoise d'antan. La soupe aux pois, le ragoût de boulettes ou le cipaille (tarte de gibier) composent un menu réconfortant, surtout les soirs frisquets d'hiver. On y sert également de copieux petits-déjeuners. Une adresse conviviale, très fréquentée par les Québécois. (☎418-692-2661 ; 95 rue Saint-Paul ; menu 11,45-16,45 $; ☉tlj 6h-22h en été, 6h-21h l'hiver).

Comprendre
L'hôtel de glace

Le premier hôtel de glace d'Amérique du Nord, ouvert en 2001, donne l'impression de pénétrer dans un conte de fées hivernal. Du comptoir de la réception au stylo utilisé pour remplir sa fiche en passant par le lit, le lavabo de la salle de bains et les verres à cocktail, presque tout est fait de glace.

Quelque 500 tonnes de glace et 15 000 tonnes de neige sont nécessaires à la construction, chaque hiver, en cinq semaines, de cet établissement éphémère qui frappe par sa taille : plus de 3 000 m^2 de splendeur givrée.

L'hôtel de glace (www.hoteldeglace-canada.com) est à environ une demi-heure de voiture du centre de Québec. Les formules de séjour débutent à 300 $ pour une chambre double, mais l'on peut se contenter d'une simple visite (17,50/13,50 $ jour/soir après 20h).

Café Chez Temporel   CAFÉ $

14 🍴 Plan p. 132, B2

Ce café bohème, véritable institution à Québec, sert quelques plats du jour, ainsi que des salades, des sandwichs, des desserts faits maison et "la crème des cafés" ! Ambiance souvent très animée le soir. (📞418-694-1813 ; 25 rue Couillard ; plats 10-20 $; ⏲lun-ven 8h-22h sam-dim 9h-22h).

Le Moine Échanson   "BOÎTE À VINS" $$

15 🍴 Plan p. 136, C3

Sur le grand tableau au mur sont inscrits les tapas et autres plats servis sur une planche. Des bancs de bois et des bougies participent à l'ambiance chaleureuse des lieux. Des vins d'importation privée sont proposés. (📞418-524-7832 ; 585 rue Saint-Jean ; tapas 2-5 $; plats 16-26 $; ⏲cuisine ouverte lun-ven 18h-22h sam-dim 18h-23h, à partir de 15h pour des bouchées gourmandes).

Café du Clocher Penché   BISTRO $$

16 🍴 Plan p. 136, A2

Il fait partie des adresses qui ont redonné de l'allant au quartier Saint-Roch. Très agréable bistro, avec une fine cuisine de marché (plat végétarien à la carte). Mets originaux (tartare de saumon au pamplemousse, salade César au boudin noir, paleron de bœuf braisé...) et brunch tous les week-ends (16 $). Réservation conseillée. (📞418-640-0597 ; 203 rue Saint-Joseph Est ; plats 20-27 $, menu midi à partir de 16 $; ⏲mar-ven 11h30-14h 17h-22h, sam 9h-14h 17h-22h dim 9h-14h).

Le Cercle   TAPAS, TERROIR $$

17 🍴 Plan p. 136, A2

Ce restaurant propose une carte de tapas gourmandes et une large sélection de plats inspirés du terroir. Belle carte de vins et de bières artisanales. Clientèle hétéroclite et festive. Les brunchs du week-end, délicieux, sont souvent animés par des dessinateurs de BD. Également, un espace-galerie et une salle de spectacle attenants. (☎418-948-8648 ; www.le-cercle.ca ; 228 rue Saint-Joseph Est ; tapas 3-15 $ plats 15-35 $, 8 $ supp table d'hôte brunch 12-14,50 $; ☻lun-mer 11h30-1h30 jeu-ven, 11h30-3h sam, 10h-3h dim 10h-1h30).

Chez Boulay Bistro Boréal
BISTRO $$

18 Plan p. 132, A3

Dans un décor épuré aux teintes blanches et boisées, ce bistro urbain explore une cuisine nordique, fine et fraîche. Le chef privilégie les produits locaux pour élaborer sa carte où figurent tartares de saumon, de bison ou pétoncles marinées. Présentation soignée. (☎418-380-8166 ; www.chezboulay.com ; 1110 rue Saint-Jean ; menu midi 15-20 $ plats 28-36 $ planche gourmet 12-14 $/pers (min 2 pers) ; ☻tlj midi et soir).

Le Panache
GASTRONOMIQUE $$$

19 Plan p. 132, C2

Une cuisine délicieuse et raffinée, dans un décor chaleureux de fauteuils rouges profonds et confortables, de charpentes et de planchers en bois massif. Une expérience culinaire inoubliable, avec vue sur le fleuve. Parking gratuit. (☎418-692-1022 ; 8 rue Saint-Antoine ; brunch 3-24 $, menu midi 20-24 $, plats soir 38-50 $, ☻tlj matin, midi et soir).

Le Saint-Amour
GASTRONOMIQUE $$$

20 Plan p. 132, A3

La réputation du Saint-Amour est toujours au beau fixe. Dans une belle salle où la vaisselle raffinée brille sous une immense verrière, le maître des lieux sert une cuisine recherchée et inventive dont le foie gras du Québec est la spécialité, à côté des plats de viande, de gibier, de poisson et des crustacés. Très belle carte des vins. (☎418-694-0667 ; www.saint-amour.com ; 48 rue Sainte-Ursule ; plats 40-50 $, menu midi 16-30 $, menu dégustation 115 $; ☻lun-ven midi et soir, sam-dim soir seulement).

Prendre un verre

Pub Saint-Alexandre
PUB

21 Plan p. 132, A3

Une quarantaine de scotches single malt, 35 bières en fût et plus de 200 bières en bouteille – dont certaines proviennent de microbrasseries québécoises – sont servies dans ce superbe pub, déployant ses 12 m d'acajou. Concerts le soir du mercredi au samedi. (☎418-694-0015 ; 1087 rue Saint-Jean ; plats 10-28 $; ☻tlj 11h-3h).

Le Sacrilège
BAR

22 Plan p. 136, B3

Bar de quartier du faubourg Saint-Jean-Baptiste. Il accueille surtout une clientèle étudiante. Ses soirées théâtre, DJ et spectacles divers (gratuit le jeudi) en automne et en hiver, sont très courues. En été, vous profiterez d'une superbe terrasse et d'une agréable verrière. (☎418-649-1985 ; 447 rue Saint-Jean ; ☻tlj jusqu'à 3h).

L'Inox
PUB

23 Plan p. 136, C4

Ce pub brasse de bonnes bières artisanales (particulièrement une blanche d'inspiration belge, la "Trouble-Fête", aux agrumes et à la coriandre). Des sélections de fromages québécois et quelques grignotines sont servies en accompagnement. (✆418-692-2877 ; www.inox.qc.cq ; 655 Grande Allée Est ; ☺tlj jusqu'à 3h).

Sortir

Chez Dagobert
DISCOTHÈQUE

24 Plan p. 136, C3

Immense et toujours plein à craquer, le "Dag" accueille la jeunesse québécoise sur des rythmes rock et techno. (✆418-522-0393 ; 600 Grande-Allée Est ; ☺mer-dim 21h30-3h).

Les Voûtes Napoléon
BOÎTE À CHANSONS

25 Plan p. 136, C3

Difficile à repérer, sous le restaurant Savini, cette boîte à chansons garantit une soirée d'authentique folklore québécois. (✆418-640-9388 ; 680A Grande-Allée Est ; ☺tlj jusqu'à 3h).

Shopping

Marché du Vieux-Port
ALIMENTATION

26 Plan p. 132, B1

Marché qui vend des fruits et légumes de saison ainsi qu'une multitude de spécialités locales comme le vin de cassis de l'île d'Orléans, des cidres, du miel, des chocolats, et bien sûr des produits à base de sirop d'érable. (✆418-692-2517 ; 160 quai Saint-André ; ☺tlj 9h-17h mai-oct).

100 % québécois
L'avenue Cartier

Située au nord-ouest des plaines d'Abraham, bien connue des Québécois et favorite des habitants du quartier, l'avenue Cartier est une artère agréable pour flâner et "magasiner" (notamment dans les Halles, chez le disquaire québécois Sillons au n°1149 et à la boulangerie-pâtisserie gourmande Picardie au n°1029), faire une pause-film au Cinéma Cartier, au n°1019, ou encore prendre un verre lorsque vous êtes dans la Haute-Ville. Plusieurs bars ont une réputation bien établie. Parmi eux, nous suggérons le Jules et Jim, au n°1060, un joli bar de quartier à l'ambiance feutrée et chaleureuse. Si vous souhaitez déjeuner ou dîner, le Café Krieghoff (au n°1089), sert une cuisine de type bistro (bagels, quiches, saucisse de Toulouse bio...) tandis que Le Graffiti, au n°1191, affiche une table plus gastronomique. Sachez que le Café Krieghoff loue aussi quelques chambres au calme (www.cafekrieghoff.qc.ca).

Sillons
CD

27 🔒 Plan p. 136, B4

Un disquaire indépendant, établi de longue date, qui se consacre au jazz, à la musique du monde et aux productions françaises et québécoises. Endroit privilégié pour se renseigner sur les derniers succès de la scène francophone. (📞418-524-8352 ou 1-800-287-7455 ; 1149 av. Cartier ; 🕐lun-ven 10h-21h, sam 10h-17h, dim 11h-17h).

Sports et activités

Calèche
PROMENADE

28 🏃 Plan p. 132, A4

Les tours en calèche, qui partent de la place d'Armes (en face du château Frontenac), de la porte Saint-Louis ou du parc de l'Esplanade, reviennent à 80 \$ pour une promenade de 35 minutes dans le Vieux-Québec (jusqu'à 4 pers).

Croisières sur le Saint-Laurent
CROISIÈRES FLUVIALES

29 🏃 Plan p. 132, D3

Différents prestataires, comme la **compagnie AML** (📞418-692-1159 ; www.croisieresaml.com ; à partir de 35 \$) proposent plusieurs croisières prisées. À noter que le **traversier Québec-Lévis** permet de profiter d'une superbe vue depuis le fleuve, pour un prix dérisoire (📞1-877-787-7483 ; 10 rue des Traversiers ; 🕐tlj 6h20-2h20 ; 3,10 \$ l'aller simple ; 15 min de traversée).

© LOTHARINGIA/FOTOLIA

Le traversier Québec-Lévis

Visites fantômes de Québec
FRISSONS

30 🏃 Plan p. 132, C3

Vous n'aurez que l'embarras du choix pour effectuer des visites guidées du Vieux-Québec ; renseignez-vous au **Centre Infotouriste** (📞1-877-266-5687 ; 12 rue Sainte-Anne ; 🕐tlj 8h30-19h en été, 9h-17h hors saison). Mais les visites fantômes, qui se déroulent de nuit à la lumière d'une lanterne, récoltent un certain succès. (📞418-692-9770 ; www.fantomesdequebec.com ; 20/17 \$ tarif plein/étudiant, gratuit moins de 12 ans, 🕐tlj 20h30, comptez 1 heure 30).

Montréal et Québec

selon ses envies

© PASCAL DUMONT

Les plus belles balades
Ville-Marie et la ville historique de Montréal

🏃 Itinéraire

Cet itinéraire offre l'avantage de revenir sur près de quatre siècles de l'histoire de la ville. Depuis le cœur de la ville historique de Ville-Marie, vous découvrirez la demeure seigneuriale des Sulpiciens, les gratte-ciel à la new-yorkaise de la place d'Armes et l'agréable balade dans la rue Notre-Dame, près du Champ-de-Mars, avant d'arriver dans le Vieux-Port, au gré de vos envies.

Départ Place Royale ; Ⓜ Place-d'Armes

Arrivée Vieux-Port ; Ⓜ Champ-de-Mars

Distance et durée 1,3 km ; 2 heures

🍴 Une petite faim ?

Deux sandwicheries réputées et populaires à l'heure du déjeuner se trouvent à deux pas de ce circuit : le **Café Titanic** (p. 56) et le traiteur **Olive et Gourmando** (p. 57).

Le Vieux-Montréal
© PASCAL DUMONT

❶ Place Royale

La **place Royale** était jadis le centre de la colonie de Ville-Marie, fondée en 1642 dans le but avoué de "convertir les sauvages". Non loin, le **musée Pointe-à-Callière** (p. 48) vous fera remonter jusqu'aux premières années de la colonie par son exposition multimédia et l'exploration archéologique du site.

❷ Théâtre Centaur

Construite en 1904, l'ancienne Bourse de Montréal abrite désormais le **théâtre Centaur**. Cet immeuble d'architecture classique est dépourvu de fenêtres à l'arrière, pour préserver l'intimité des Sulpiciens qui y possèdent un jardin.

❸ Place d'Armes

Le **vieux séminaire des Sulpiciens** fut le domaine de ces premiers seigneurs de Montréal (1663-1854) qui le firent construire à la fin du XVIIe siècle. La **place d'Armes** (p. 47) regroupe les premiers gratte-ciel de Montréal, formant la "Wall Street" historique de Montréal.

❹ Basilique Notre-Dame

De facture néogothique, l'imposante **basilique Notre-Dame** (p. 50) mérite une visite comme lieu de pèlerinage pour les croyants, mais aussi pour les amoureux de l'histoire de l'art.

❺ Les trois cours de justice

L'architecture moderne de l'actuel **palais de justice de Montréal** (1971) contraste avec celle du **vieux palais de justice** (1857) adjacent, construit au XIXᵉ siècle,

et avec l'élégance néoclassique de la **Cour d'appel du Québec** (1926), de l'autre côté de la rue.

❻ Place Jacques-Cartier

Les maisons entourant la **place Jacques-Cartier** datent du début du XIXᵉ siècle. Ici, l'histoire fait place aux cafés et à l'animation. Au nord-est de la place, la façade grandiloquente de l'**hôtel de ville** (1878) fait face au **château Ramezay** (1757, p. 54), ancienne maison de gouverneur transformée en musée.

❼ Marché Bonsecours

De nombreuses boutiques d'artisans sont rassemblées dans ce **marché** (1848, p. 53), qui abrita le parlement du Canada-Uni pendant quelques mois en 1849, puis servit d'hôtel de ville de 1852 à 1878.

❽ Vieux-Port

À l'entrée du canal de Lachine, le **Vieux-Port** (p. 53) accueille aujourd'hui un complexe récréotouristique et des festivals depuis 1992.

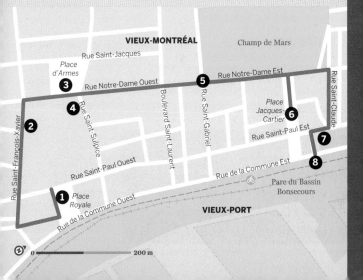

Les plus belles balades
Art de vivre montréalais

🏃 Itinéraire

Durant cette balade, vous traverserez trois quartiers animés : Outremont, un secteur francophone aisé envahi de verdure, qui accueille aussi une forte population juive hassidique ; le Mile End, quartier multiculturel plutôt anglophone qui accueille les artistes de tout acabit, et le Plateau Mont-Royal, zone résidentielle récemment embourgeoisée, où l'on peaufine l'art de vivre à la fois nord-américain et européen qui caractérise Montréal.

Départ Intersection des avenues Bernard et Outremont ; Ⓜ Outremont

Arrivée Avenue du Mont-Royal ; Ⓜ Mont-Royal

Distance et durée 2,5 km ; 1 heure 30

🍴 Une petite faim ?

L'idéal est de faire une pause-bagel sur la rue Saint-Viateur ou l'avenue Fairmount (p. 100) ou de se laisser tenter par une petite pâtisserie juive au **Cheskie's** (☎ 271-2253 ; 359 av. Bernard Ouest ; ⏰ 7h-23h lun-jeu, 7h-17h ven et 8h-23h dim).

Avenue Bernard

❶ Avenue Bernard

Abritant des bistros, cafés, épiceries et boutiques de grande qualité, l'**avenue Bernard** est le cœur du quartier Outremont. Haut lieu de la culture québécoise des années 1960-1970, le **théâtre Outremont** a vu défiler les artistes bien avant le Plateau Mont-Royal.

❷ Le Champ des possibles

À l'est de "**la Main**" (boulevard Saint-Laurent ; p. 96), on découvre un ancien quartier industriel et ses lofts d'artiste qui donnent au Mile End sa réputation créative. La plus célèbre entreprise de ce secteur est le géant du jeu vidéo, Ubisoft. Près de la voie ferrée, un jardin potager réapproprié (*guerilla garden*) squatte le terrain vague : le **Champ des possibles** (www.amisduchamp.com).

❸ Église Saint-Michel-Archange

Sur le parvis de l'**église Saint-Michel-Archange** (p. 99), les jeunes flânent et l'on regarde passer les gens. Les groupes d'amis se donnent rendez-vous au pied de la plus curieuse église de Montréal, avec son minaret et son style byzantin. Les deux cafés voisins, l'**Olimpico** et le **Club Social** (p. 103) sont des institutions locales.

❹ Les rues du Mile End

Populaire et multiculturel, le Mile End se décline en rues calmes et arborées entrecoupées de rues commerçantes (sur l'axe est-ouest). Les avenues de l'Esplanade et Jeanne-Mance sont typiques du quartier.

❺ Fairmount Bagels

Dans l'avenue Fairmount, laissez-vous tenter par les fameuses pâtisseries de **Fairmount Bagels** (p. 99), cuits au four à bois depuis près d'un siècle. La pâte encore chaude se tartine de fromage à la crème pour être dégustée sur-le-champ.

❻ Parc Jeanne-Mance

Au pied du mont Royal, de nombreuses installations sportives sont rassemblées au **parc Jeanne-Mance**,

ce qui en fait un endroit très fréquenté par les Montréalais. La vue sur le flanc nord-est de la montagne permet de juger de son importance au cœur de la ville.

❼ Avenue du Mont-Royal

Déambuler sur l'**avenue du Mont-Royal** lors d'une journée d'été, c'est se plonger dans une foule détendue, au cœur des flâneries de la ville francophone. L'intersection avec la rue Saint-Denis est l'épicentre du **Plateau Mont-Royal** (p. 74).

Les plus belles balades
Faubourg Saint-Jean-Baptiste à Québec

🏃 Itinéraire

En flânant dans le faubourg Saint-Jean-Baptiste, on découvre la ville de Québec telle qu'elle est vécue par les habitants. Ce quartier populaire égrène les restos, les boutiques, les librairies et les épiceries fines. Sortir des murs peut aussi être l'occasion de faire un détour par l'hôtel du Parlement, et se replonger dans l'histoire du faubourg.

Départ Porte Saint-Louis

Arrivée Rue Saint-Jean

Distance et durée 1,3 km ; 2 heures

🍴 Une petite faim ?

Pour les amateurs de hamburgers, cela vaut la peine de marcher jusqu'au 145 rue Saint-Jean pour découvrir **Chez Victor** (p. 137). Les burgers gourmands au bœuf, au sanglier, au cerf ou au wapiti sont servis avec des frites et des sauces maison (romarin/érable, curry/ail...). Tout un programme !

© LOTHARINGIA/FOTOLIA

L'hôtel du Parlement et la fontaine de Tourny

❶ Hôtel du Parlement

À cheval entre le faubourg Saint-Jean-Baptiste et la Haute-Ville, le bâtiment où siège l'Assemblée nationale du Québec a été construit entre 1877 et 1886. Des visites guidées gratuites permettent de découvrir son somptueux intérieur de style Second Empire.

❷ Fontaine de Tourny

Elle trône en face de l'hôtel du Parlement. Conçue en 1854, elle reçut la médaille d'or à l'Exposition universelle de Paris l'année suivante et demeura longtemps dans le centre-ville de Bordeaux. Elle fut offerte à la ville de Québec en 2007 par la société Simons pour son 400e anniversaire.

❸ Place d'Youville

Située derrière la porte Saint-Jean, la place d'Youville a toujours été l'interface entre la vie intra-muros et la vie hors des remparts, où les petits artisans et les artistes s'étaient installés. C'est un lieu animé, où se trouvent deux importants lieux de spectacle : le palais Montcalm (1932) et le théâtre Capitole (1903).

4 Église Saint-Matthew

Aujourd'hui une bibliothèque, cette ancienne église protestante témoigne de la cohabitation des populations du faubourg après la signature du traité de Paris (1763). Au XIXe siècle, Canadiens français, Irlandais, Écossais et Anglais, attirés par la construction navale et le commerce de bois florissant, habitaient ici.

5 Cimetière

Attenant à l'église, le cimetière datant de 1772 comporte 314 monuments funéraires qui rappellent les grandes causes de mortalité du XIXe siècle : maladies infantiles, épidémies, noyades...

6 Épicerie Jean-Alfred Moisan

Au no 699 de la rue Saint-Jean, la maison Moisan, fondée en 1871, est considérée comme la plus vieille épicerie d'Amérique du Nord encore en activité. On y retrouve tout le cachet des magasins généraux de l'époque.

7 Érico

Au no 634, la chocolaterie Érico attire les gourmands. Pour la bonne conscience, on visite le musée du Chocolat avant de craquer, en hiver pour un chocolat chaud ou un brownie, et en été pour un sorbet ou un tofu glacé.

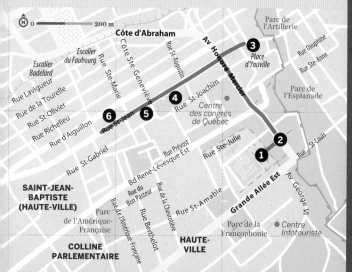

Envie de...
Activités de plein air

© PASCAL DUMONT

Les Québécois s'adonnent en été au jogging, au vélo et au kayak, et en hiver au patinage, au ski de fond et au hockey sur les lacs gelés. Les pistes cyclables abondent, certaines plus pratiques, d'autres plus pittoresques. Les espaces de plein air boisé ne manquent pas, surtout en bordure du fleuve Saint-Laurent.

Adrénaline et expériences

Rapides de Lachine
Pour ceux qui n'ont pas peur de se mouiller, le bateau *Saute-Moutons* affronte les rapides (p. 61).

Kayak Une excursion paisible sur le canal de Lachine (p. 43).

Traîneau à chiens
L'hiver, dans le parc Jean-Drapeau (p. 120).

Faire du vélo

Parc du Mont-Royal
Le chemin Olmsted (6,5 km) sillonne la montagne en passant par le belvédère, la croix et le sommet de la montagne (p. 76).

Canal de Lachine Un itinéraire de 14,5 km longe le canal depuis le Vieux-Port jusqu'au lac Saint-Louis. Il est possible de louer des vélos près du marché Atwater (p. 34).

Parc Jean-Drapeau Le circuit du célèbre Grand Prix de Formule 1 est en libre accès pour les vélos et les rollers. D'autres pistes permettent de découvrir les îles. Location sur place (p. 125).

Vieux-Montréal Une agence fait la location de vélos, permettant de joindre la piste du canal de Lachine à la pointe du Havre (p. 60).

Bixi Plus de 4 000 vélos en libre-service permettent de circuler en ville sur de courts trajets (p. 125).

Patinage

L'Atrium le 1000
Patinoire accessible toute l'année, au sous-sol d'un gratte-ciel (p. 43).

Lac aux Castors Dans le parc du Mont-Royal, il est accessible gratuitement, on ne paie que la location des patins (p. 77).

Parc du bassin Bonsecours Si la glace naturelle du bassin n'est pas en bon état, la patinoire artificielle permettra néanmoins d'en profiter ! (p. 60).

À Québec
Le charmant parc des Champs-de-Bataille (p. 135) présente des sentiers nature, des chemins pédestres, une piste de jogging et des espaces adaptés au roller. L'hiver, les habitants viennent ici pour faire de la raquette, du ski de fond et se promener le soir en traîneau.

Envie de...
Musique live

On a parfois l'impression que Montréal ne vit que pour la musique. Privilégiant l'expérimentation tous azimuts, la ville abrite 250 groupes s'exprimant dans les genres les plus divers : électro-pop, hip-hop, glam rock, folk celtique, punk, indé, chanson yéyé, rétro, blues, roots, ambient ou grunge, pour n'en citer que quelques-uns. Vous pourrez passer tout l'été à écouter la bande sonore urbaine sans réussir à en faire le tour.

© PASCAL DUMONT

Roma Carnival, "Balkan Beat Party" au Divan Orange (p. 88)

Planifier ses soirées

Voir Hebdomadaire culturel gratuit répertoriant les événements de la semaine (www.voir.ca).

Çamuz Petit dépliant mensuel gratuit répertoriant les concerts à venir (www.camuz.ca).

Quoi faire aujourd'hui Agenda quotidien des événements culturels montréalais (www. quoifaireaujourdhui. com).

Nightlife Des articles déjantés et des suggestions hétéroclites (www.nightlife.ca).

Les meilleurs endroits

La Sala Rossa Deux salles-sœurs pour des groupes indé éclectiques (p. 88).

House of Jazz Le temple du jazz, tout en dorures et en ambiance (p. 40).

L'Escogriffe Petit, mais costaud sur le rock et le blues (p. 88).

Quai des Brumes Le rendez-vous des fans de rock et autres groupes cultes en devenir (p. 87).

▶ Les groupes et DJ en tournée apprécient particulièrement le public montréalais qui ne craint pas de se lâcher et de vivre pleinement la musique. Lors des concerts, les spectateurs huent, braillent et chantent en chœur et, même dans les clubs les plus snobs, la clientèle s'en donne à cœur joie sur la piste de danse.

Envie de...
Restaurants

Montréal peut s'enorgueillir d'une riche tradition culinaire où la gastronomie française classique côtoie les spécialités québécoises roboratives et les plats traditionnels de quelque 80 communautés étrangères. Aujourd'hui, la haute cuisine est souvent autant l'apanage de jeunes chefs italiens, japonais ou britanniques que de diplômés de l'Académie culinaire du Québec.

© PASCAL DUMONT

La cuisine québécoise

Composée de plats réconfortants à base de viande, la cuisine traditionnelle fournissait les calories nécessaires pour le passage du rude hiver. Les plats sont donc peu diététiques et composés d'aliments simples, faciles à conserver comme le maïs (ou "blé d'Inde"), la farine, les légumes-racines ou les légumes secs et la viande.

Les plats traditionnels

Généralement copieux et riche en cholestérol, le repas-type peut être un ragoût aux pommes de terre, carottes et navets, du gibier (caribou, orignal, lièvre...) ou une tourtière (tourte à la viande de porc et de bœuf ou de veau). Autre recette courante, le pâté chinois (qui n'a de chinois que le nom) ressemble au hachis Parmentier, avec une couche de maïs entre la viande hachée et la purée de pommes de terre. La fameuse poutine, des frites aux boules de fromage nappées de sauce brune, fait partie des plats emblématiques.

Gastronomie d'ici

Avec plus de 5 000 restaurants, Montréal constitue l'une des principales destinations culinaires d'Amérique du Nord, où la qualité n'a d'égal que la quantité. Le bien manger fait partie des plaisirs

☑ À savoir

▶ De nombreux restaurants affichent la pancarte "Apportez votre vin". Vous auriez tort de vous en priver car ici, le droit de bouchon n'existe guère. Vous pourrez acheter vos bouteilles dans les SAQ (Société des alcools du Québec) et les "dépanneurs" (épiceries).

▶ La viande fumée (voir l'encadré p. 84) et les bagels de Montréal jouissent d'une réputation qui dépasse les frontières du pays et constitue une source de rivalité amicale avec New York.

Au Joe Beef (p. 37)

sensuels qu'affectionnent les habitants et les chefs rivalisent d'audace pour créer des saveurs inédites. Le cosmopolitisme de la ville se reflète non seulement dans la diversité de l'offre, mais aussi dans les métissages culinaires.

Gastronomie québécoise

Toqué ! Le plus célèbre, un pionnier de la gastronomie québécoise. (p. 58)

Auberge Saint-Gabriel Décor d'un bâtiment historique et plats irréprochables. (p. 58)

Club Chasse et Pêche Vous l'aurez deviné, ici c'est gibier et poissons fins ! (p. 58)

Le Panache Un décor chaleureux et une cuisine raffinée, à Québec (p. 139)

La viande à l'honneur

Joe Beef On y redécouvre la viande et les huîtres (p. 37).

L'Orignal Chalet chic de la campagne urbaine (p. 57).

Au Pied de Cochon Réputé pour sa poutine au foie gras (p. 84).

Cuisines du monde

Le Petit Alep Bistro syrien à petit prix (p. 101).

Mai Xiang Yuan Succulents raviolis chinois (p. 29).

Pintxo Des petites bouchées type "tapas", d'origine basque (p. 85).

Café Ferreira À Montréal, le portugais, c'est chic ! (p. 37)

Sala Rossa Délices espagnoles et le jeudi soir, spectacles de flamenco (p. 82).

Ouzeri Les grands classiques grecs dans un bistro branché (p. 84).

Phayathai Les meilleures adresses thaïlandaises de la ville (p. 36 et p. 101).

Les trésors cachés

Cabotins Cuisine du Sud-Ouest réinventée, décor déjanté et accueil irréprochable (p. 115).

Hostaria La meilleure adresse de la Petite Italie (p. 102).

Cuisine française

Le Paris Charme rétro, que du classique chaleureux sans prétention (p. 36).

L'Express Une adresse moderne et urbaine (p. 83).

Envie de...
Art

Inspirés par une nature à la fois rude et généreuse, les peintres et sculpteurs québécois adoptèrent d'abord un style naturaliste, témoin des campagnes et de la vie courante. Au milieu du XXe siècle, une rupture s'opère, ouvrant la voie à ce qui sera la "Révolution tranquille" des Québécois. Les musées de Montréal et de Québec témoignent de cette évolution et des nouvelles tendances numériques.

© PASCAL DUMONT

Musée des Beaux-Arts

☑ À savoir

▶ Rédigé en 1948, le manifeste du *Refus global* est un document majeur de l'art québécois rejetant toute forme d'art figuratif au profit de l'abstraction. Hautement controversé à l'époque, il prend le parti de la liberté d'expression personnelle contre la censure étatique et la position dominante de l'Église au Québec.

Des paysagistes bucoliques

Les forêts luxuriantes et la campagne gelée du Québec inspirent les paysagistes comme Horatio Walker depuis le XIXe siècle. Marc-Aurèle Fortin peint des aquarelles représentant notamment le cadre arboré des Laurentides et de Charlevoix. Au début du XXe siècle, William Brymner influence une génération entière de peintres en tant que professeur d'art dans un courant du classicisme romantique.

Les automatistes

Les années 1940 voient émerger trois grandes figures de l'art moderne canadien, Paul-Émile Borduas, John Lyman et Alfred Pellan, qui travaillent ensemble à Montréal. Le premier développe une forme radicale de surréalisme et devient le chef de file des automatistes. Le plus prolifique des automatistes est cependant Jean-Paul Riopelle, surréaliste puis ensuite plus abstrait.

Art abstrait

Ces dernières années, l'art abstrait retrouve à Montréal une passionnante vitalité. Ainsi, François Lacasse pousse plus loin en composant un univers d'apparence virtuelle sans pourtant recourir à

Le Belgo (galerie Hugues Charbonneau)

l'ordinateur. De leur côté, les lithographes Elmyna Bouchard et Francine Simonin commencent à rencontrer le succès au Canada et à l'étranger. Enfin, l'art urbain s'exhibe sous forme de fresques bigarrées dans des lieux très variés, telles les rues du Plateau Mont-Royal, certaines stations de métro et les diverses esplanades du quartier des Spectacles.

Musées et galeries d'art

Musée des Beaux-Arts Collections d'envergure sur 5 pavillons, majoritairement gratuit (p. 24).

Le Belgo Un dédale de galeries d'art contemporain sur 5 étages (p. 34).

Musée d'Art contemporain Espace réputé intégrant de plus en plus les performances. (p. 32)

Galerie le Chariot Pour découvrir le monde méconnu de l'art inuit (p 60).

Pavillon Charles-Baillairgé, musée national des Beaux-Arts du Québec La passionnante collection d'art inuit Raymond Brousseau (p. 137).

Stations de métro les plus artistiques

Champ-de-Mars À visiter pendant la journée, pour ses vitraux colorés (plan p. 52)

Place-des-Arts Mosaïque de vitrail de Frédéric Bach sur l'histoire de la musique montréalaise (plan p. 31)

Berri-UQAM Un vitrail somptueux au-dessus du tunnel de la ligne verte (plan p. 64)

À Québec
Jean-Paul Lemieux (1904-1990) compte parmi les peintres canadiens les plus accomplis. Né à Québec, il étudie à l'École des beaux-arts de Montréal puis à Paris. On le connaît surtout pour ses personnages mélancoliques et figés, perdus dans des espaces infinis. Nombre de ses tableaux s'inspirent des lignes simples et naïves de l'art populaire. La salle qui lui est entièrement consacrée au musée national des Beaux-Arts du Québec, à Québec (p. 137), mérite une visite.

Envie de...
Bars et vie nocturne

Du petit troquet au lounge sophistiqué, les adresses abondent : pubs irlandais, cafés bobos, bars à vins élégants, microbrasseries, salles de billard, tavernes étudiantes, salons de thé... Pour faire la fête, on rejoindra les discothèques underground, concerts de hip-hop, dub, breakbeat et rock indé anglo-saxon, les restaurants dansants, les spectacles d'humour ou les cabarets burlesques, le problème étant qu'il faut choisir !

Le "cinq à sept"

Les Montréalais aiment boire, et il est tout à fait acceptable, voire attendu, de commencer par un cocktail après le travail et de poursuivre jusque tard dans la nuit. Le vendredi après-midi quand il fait beau, la tradition du "cinq à sept" (happy hour) post-boulot se prolonge souvent bien au-delà.

En toute saison

Par temps chaud, les bars, cafés, pubs et terrasses qui jalonnent le boulevard Saint-Laurent et la rue Saint-Denis se remplissent de groupes d'amis qui prennent un verre dans une ambiance conviviale. L'hiver, les habitants de Montréal ne se laissent pas démonter par les tempêtes de neige et les longues nuits glaciales. Il s'agit au contraire du moment de l'année où le mieux à faire consiste à se réfugier dans un bar chaud et douillet pour y passer la soirée. Habillez-vous chaudement s'il vous faut faire la queue !

Noctambulisme

Vibrante, dynamique et en perpétuelle évolution, la vie nocturne de Montréal se situe à la pointe des dernières tendances internationales.

Concert du groupe punk rock La Gachette, au Quai des Brumes (p. 87)

☑ **À savoir**

▶ L'heure de fermeture légale est fixée à 3h. La dernière commande doit être effectuée 15 minutes avant la fermeture (*last call*).

▶ L'âge légal pour consommer de l'alcool est 18 ans.

▶ La coutume veut qu'on laisse au serveur ou au barman un pourboire de 15% ou de 1 à 2 $ par verre commandé.

Rue Sainte-Catherine

Best-of des cafés

Laïka Le café-tapas-bistro-lounge-club caméléon (p. 84).

Café Olimpico Ambiance à l'italienne et café court irréprochable (p. 103).

Le Club Social Histoire de comparer avec l'adresse précédente (p. 103).

Le Cagibi Se mêler aux anglophones végétaliens queer (p. 100).

Les meilleurs bars

Pub Sainte-Élisabeth Une terrasse chaleureuse et isolée du monde (p. 38).

Blizzarts Des belle grosses banquettes et des soirées tendance (p. 86).

Réservoir Une bière locale dans un petit pub bobo (p. 87).

Plan B Tellement branché que l'on y croise presque à coup sûr des célébrités locales (p. 87).

Burgundy Lion Un pub à l'anglaise sauf pour la nourriture ! (p. 38)

Palmarès des clubs

Tokyo Bar Une adresse branchée de rock alternatif (p. 90).

Baldwin Barmacie Lieu festif tout de blanc vêtu, façon apothicaire (p. 104).

Café Campus Discothèque étudiante avec des soirées 80's et francophones (p. 88).

SAT La Société des arts technologiques organise des soirées numériques très courues (p. 41).

Le Stereo Le plus gros système de son en ville, chouchou des DJ étrangers (p. 69).

À Québec

Québec possède une scène plus restreinte mais néanmoins festive. Les bars de la vieille ville, parfois amusants, ont souvent l'inconvénient d'être touristiques. Saint-Roch, dans la ville nouvelle, présente une atmosphère plus authentique.

Wunderbar Club à la new-yorkaise où il convient d'être vêtu à la dernière mode (p. 59).

Envie de...
Arts de la scène

Forte de son quartier des spectacles, Montréal possède un réseau dynamique de salles de diffusion accueillant des troupes et compagnies de danse d'envergure. Un certain nombre de créateurs ont élu domicile dans cette ville qui concentre un grand nombre d'artistes, où les espaces sont bon marché et où le public est enthousiaste et attentif.

Théâtre : du désert à l'eldorado

Le théâtre n'avait pas la cote jusque dans les années 1950, où des salles de théâtre voient le jour dans l'effervescence culturelle qui succède à la Seconde Guerre mondiale. Tous les styles sont aujourd'hui représentés dans les salles de théâtre montréalaises, du classique à l'expérimental en passant par les pièces modernes, en français, en anglais ou dans la langue d'origine des communautés culturelles qui s'y produisent.

Un soleil radieux

De réputation internationale depuis sa création en 1984, le Cirque du Soleil repousse les limites artistiques du genre en lui associant théâtre et danse. D'autres compagnies sont également réputées, telles les cirques Éloize et Les 7 doigts de la main.

© PASCAL DUMONT

☑ À savoir

▶ Les billets pour la majorité des spectacles ayant lieu à Montréal peuvent s'acheter à la Vitrine culturelle sur place ou en ligne (www.lavitrine.com ; p. 27).

Opéra de Montréal : Andrzej Stec incarnant Pelléas, dans *Pelléas et Mélisande* de Claude Debussy

Danse

Usine C Espace de performance entre danse et théâtre (p. 70).

Danse danse Regroupement d'une dizaine de compagnies réputées (www.dansedanse. ca).

Grands Ballets Canadiens (📞849-8681 ; www.grandsballets. qc.ca). Première troupe de ballet du Québec. Quatre spectacles par an présentent le meilleur de la danse classique et moderne d'une façon à la fois innovante et accessible au grand public.

Agora de la danse (📞525-1500 ; www. agoradanse.com ; 840 rue Cherrier ; Ⓜ Sherbrooke). Espace de diffusion en danse contemporaine.

Festival TransAmériques Événement chorégraphique d'envergure de fin mai à début juin présentant des dizaines de spectacles, certains gratuits, dans des théâtres ou en plein air. (📞842-0704 ; www.fta. qc.ca).

 Vaut le détour

ToHu – Cité des arts du cirque (📞376-8648 ou 1-888-386-8648 ; www.tohu. ca ; 2345 rue Jarry Est ; 🕐 billetterie tlj 9h-17h). Espace de spectacle de 1 700 places programmant des cirques du Québec et du monde entier. On y accède par le métro Jarry puis le bus n° 193 Est ou par le métro Iberville puis le bus n° 94 Nord.

Envie de...
Parcs et jardins

Les espaces verts font partie intégrante de la société montréalaise et remplissent de multiples fonctions. Ils servent ainsi notamment de lieux de rencontre entre amis pour fuir l'exiguïté des appartements, de terrains de jeux pour les sportifs du week-end et de refuge naturel à l'écart des désagréments de la vie urbaine.

Jardin botanique (p. 111)

Grands parcs

Parc du Mont-Royal
Visible de presque tous les points de la ville, la montagne est un lieu de loisir de prédilection (p. 76).

Parc Jean-Drapeau
Occupant deux îles du Saint-Laurent, il offre une belle vue sur la ville et le fleuve (p. 120).

Parc Lafontaine
Poumon vert de la ville où il fait bon se reposer et assister à des spectacles en saison (p. 75).

Cimetières Notre-Dame-des-Neiges et Mont-Royal Chouchous des Montréalais et pas glauques pour deux sous (p. 77).

Réseau des grands parcs 17 parcs nature où il fait bon s'évader de la ville, pour la plupart en bordure du fleuve (http://ville.montreal.qc.ca/grandsparcs).

Jardins et squares

Jardin botanique
Réputé pour son jardin de Chine et celui des Premières Nations (p. 111).

Jardin des Floralies
Bien entretenus, ces grands jardins sont hérités des Floralies internationales de 1980 (p. 121).

Carré Saint-Louis Bordé de maisons victoriennes, ce parc rassemblait jadis les poètes et les écrivains (p. 78).

Jardin du Gouverneur
Au château Ramezay, dans le Vieux-Montréal (p. 54).

À Québec
Dominant l'embouchure du Saint-Laurent, Québec a su tirer profit de sa position stratégique et de son cadre évocateur. Le vert ne manque pas aux abords de la Citadelle (p. 133) et le parc des Champs-de-Bataille (p. 135) tout proche, haut lieu historique du Canada, vaut autant pour sa végétation abondante que pour ses vestiges du passé.

Envie de...
Architecture

Né de cultures européennes historiquement rivales, le caractère double de Montréal transparaît de manière évidente dans sa séduisante combinaison architecturale de classicisme européen et de modernisme nord-américain, les demeures victoriennes amoureusement restaurées et les monuments de style Beaux-Arts contrastant avec les lignes épurées des gratte-ciel.

Habitat 67

© PASCAL DUMONT

Les plus beaux édifices

Basilique Notre-Dame Grandiose, cette église néogothique est l'œuvre d'un architecte new-yorkais protestant (p. 50).

Bains Morgan Emblématique des constructions de style Beaux-Arts disséminées dans le quartier Hochelaga-Maisonneuve (p. 114).

Hôtel de ville Sans doute le plus bel exemple montréalais d'architecture Second Empire (p. 55).

Oratoire Saint-Joseph (☏ 733-8211 ; www.saint-joseph.org ; 3800 ch Queen Mary ; Ⓜ Côte-des-Neiges). Sur le flanc nord-ouest du mont Royal, ce lieu de pèlerinage de style Dom Bellot possède le 3ᵉ plus haut dôme au monde.

Gratte-ciel célèbres

Place Ville-Marie Haut de 188 m, il est célèbre pour son architecture en croix et les faisceaux lumineux qui tournent sur son toit, repérables depuis toute la ville (plan p. 52).

Édifice New York Life Premier gratte-ciel, construit en 1888 et haut de 8 étages (p. 47).

Édifice Alfred Deuxième plus vieux des géants urbains (1929), sur la place d'Armes (p. 47).

Les constructions les plus étranges

Habitat 67 Immeuble résidentiel de style constructiviste dessiné par le Montréalais

À Québec

Les cathédrales et les basiliques composites qui s'élancent vers le ciel constituent l'élément le plus marquant de l'architecture de la ville au côté du patrimoine du XVIIIᵉ siècle hérité de la Nouvelle-France.

d'adoption Moshe Safdie (p. 56).

Biosphère Ancien pavillon des États-Unis à l'Exposition universelle de 1967, dessiné par Buckminster Fuller (p. 123).

Envie de...
Cinéma et littérature

La capitale du cinéma québécois attire de grosses productions américaines qui y trouvent une main-d'œuvre qualifiée et abordable dans des décors nord-américains. Plusieurs salles font la part belle au cinéma indépendant, leur fréquentation culminant lors du Festival des films du monde. Le domaine de l'écriture n'est pas en reste, avec un marché du livre foisonnant, tant dans le roman et le théâtre que le conte ou la poésie.

Cinéma Excentris

Des films du terroir au marché international

À ses balbutiements, le cinéma québécois exploitait surtout des thématiques rurales par la voie du documentaire. Dans les années 1970 se développe un style québécois qui exprime la révolution sociale en cours (p. 172). Sortant du champ de l'ethnoréalisme, une nouvelle génération de réalisateurs s'inspire des grands classiques, s'imprégnant de fiction, d'imaginaire et d'ouverture sur le monde. La fin des années 1990 fait place à une nouvelle vague associée à la modernité et à la solitude urbaine.

Des mots à découvrir

Un bref passage à la Grande Bibliothèque (p. 65) vous permettra de jauger l'étendue de la production littéraire québécoise. Née au XIXᵉ siècle, la littérature québécoise fut d'abord traditionaliste avant de prendre son envol avec la Révolution tranquille, mêlant les thèmes de la vie urbaine, du multiculturalisme et de la modernité. Plus récemment, les romans fantastiques et historiques ont connu de gros succès tout comme le conte, porté par les mots du jeune Fred Pellerin.

Six auteurs à connaître

Michel Tremblay
Les Belles-Sœurs, Chroniques du Plateau Mont-Royal, Albertine en cinq temps

Victor-Lévy Beaulieu
Monsieur Melville, L'Héritage, James Joyce, l'Irlande, le Québec, les mots

Anne Hébert *Les Fous de Bassan, Kamouraska*

Marie Laberge *Le Goût du bonheur, Florent*

Nelly Arcan *Putain, Folle*

Dany Laferrière
Comment faire l'amour à un nègre sans se fatiguer, L'Énigme du retour

L'auteur Michel Tremblay décrit dans ses œuvres le passé ouvrier du Plateau Mont-Royal

La nouvelle génération

Parmi les jeunes auteurs, surveillez l'écrivaine et réalisatrice Anaïs Barbeau-Lavalette, Guillaume Vignault (fils du légendaire Gilles Vigneault), Rafaëlle Germain (fille du biographe Georges-Hébert Germain), la Québécoise d'origine vietnamienne Kim Thuy, ainsi que la journaliste Marie-Andrée Lamontagne.

Les salles de cinéma indépendantes

Cinéma du Parc
Un programmation diversifiée de cinéma indépendant (p. 90).

Excentris
À la fine pointe de la technologie, un cinéma original et des films de répertoire (p. 90).

Cinémathèque québécoise
(☎842-9768 ; www.cinematheque.qc.ca ; 335 bd de Maisonneuve Est ; ⊕mer-dim ; Ⓜ Berri-UQAM). Projections de films anciens, thématiques ou expérimentaux.

Cinéma Cartier
(☎418-522-1011 ; www.cinemacartier.com ; 1019 rue Cartier). Œuvres inédites du répertoire international.

Huit réalisateurs québécois à connaître

Claude Jutra
Mon oncle Antoine (1971), Kamouraska (1973)

Gilles Carle
La Vraie nature de Bernadette (1972), Les Plouffe (1981)

Pierre Falardeau
Elvis Gratton (1985), Le Party (1990), Octobre (1994), 15 février 1839 (2001)

Denys Arcand
Le Déclin de l'Empire américain (1989), Jésus de Montréal (1989), Les Invasions barbares (2003)

Manon Briand
Deux Secondes (1998), La Turbulence des fluides (2002)

Denis Villeneuve
Un 32 août sur terre (1998), Maelström (2000), Polytechnique (2009), Incendies (2010)

Philippe Falardeau
La Moitié gauche du frigo (2000), Congorama (2006), Monsieur Lazhar (2011)

Xavier Dolan
J'ai tué ma mère (2009), Les Amours imaginaires (2010), Laurence Anyways (2012)

Envie de...
Communauté gay

Montréal ne se contente pas de tolérer les modes de vie alternatifs, elle les accepte pleinement. Le mariage entre personnes du même sexe est légal au Québec depuis 2004 et les couples de même sexe se promenant main dans la main n'attirent guère l'attention. Le Village constitue le haut lieu homo de la ville, ses cafés, restaurants, bars et clubs contribuant à l'ouverture d'esprit généralisée. Plus conservatrice, la ville de Québec garde une atmosphère un peu provinciale. On y est plus discret.

☑ À savoir

▶ Le petit magazine gratuit **Fugues** (www.fugues.com) s'adresse à la clientèle gay de Montréal ; on trouve parfois aussi le magazine **être** (www.etremag.com), moins diffusé.

▶ Les filles ont plutôt migré vers les cafés et bars du Mile End. Le magazine **Lez spread the word** (www.lezspreadtheword.com) recense les événements qui plairont plutôt aux femmes.

▶ La **Fierté gaie** (☏ 285-4011 ; www.diversite.org) A lieu à la mi-août. Il y a des activités culturelles toute la semaine, en plus du fameux défilé.

Les 3 meilleurs clubs gays

Le Drugstore Un établissement, 6 étages et une belle terrasse, accueillant pour les femmes (p. 69).

Unity II 3 salles de danse et autant d'ambiances : dance, R n' B et house (p. 70).

Sky Pub & Club L'un des plus populaires, avec sa terrasse (☏ 529 6969 1474 ; rue Sainte-Catherine Est ; complexesky.com).

Les endroits les plus agréables

Le Saloon Resto-bar décoré avec goût : cuisine bistro correcte et bons cocktails (p. 68).

Cabaret chez Mado Spectacles de drag-queens mis en scène par la grande vedette du Village, Mado Lamotte (p. 69).

Les endroits que fréquentent les femmes

Royal Phoenix Bar lesbien mais pas que, avec karaoké, spectacles d'humour et une belle piste de danse (p. 105).

Le Cagibi Café-resto végétarien alternatif et tout à fait *queer-friendly* ! (p. 100)

Notre-Dame-des-Quilles Petit bar de quartier tranquille et allées de bowling rétro (p. 103).

Envie de...
Visiter avec des enfants

Montréal et Québec présentent de multiples attraits pour les petits, qui seront accueillis avec beaucoup de bienveillance. Les restaurants sont souvent bien organisés, avec des chaises adaptées, des jouets ou des crayons pour colorier. Les musées dédient souvent un espace aux familles. Les activités pour les enfants ne manquent pas !

© PASCAL DUMONT

À Montréal

Espace pour la vie Tout le complexe a de quoi divertir les plus jeunes, en particulier le Biodôme et le Planétarium (p. 110).

Jetboat et Saute-Moutons Des sensations fortes sur le fleuve, à partir de 6 ans (p. 61).

Croisière sur le fleuve Alternative plus paisible à l'option précédente (p. 60).

Place Jacques-Cartier et Vieux-Port Fréquemment le théâtre des artistes de rue (p. 47 et p. 53).

Calèches Une bonne façon d'éviter les trajets à pied tout en divertissant les tout-petits (p. 60).

La Ronde Un parc d'attractions pour les occuper une journée entière (p. 125).

Centre des sciences de Montréal et cinéma IMAX Une sortie ludique et pédagogique (p. 55).

Canal de Lachine Sa piste cyclable permet d'échapper à l'environnement urbain, à quelques centaines de mètres du Vieux-Port (p. 43).

À Québec

Parc des Champs-de-Bataille Grand parc parsemé de vestiges historiques très accessibles aux plus jeunes (p. 135).

Tour des fortifications Une petite marche sur les pierres anciennes (p. 129).

Citadelle La relève de la garde plaît particulièrement aux enfants (p. 133).

Place d'Armes et place Royale Accueillent souvent des artistes de rue (p. 47 et p. 49).

Calèches Pourquoi ne pas parcourir la vieille ville au rythme lent d'une voiture à cheval ? (p. 141)

Envie de...
Festivals

Réputée pour sa joie de vivre débridée, Montréal présente un calendrier festif qui s'étend sur toute l'année. Des concours de feux d'artifice illuminent le ciel estival, les Francofolies mettent en vedette la chanson francophone et la Gay Pride fait parader dans les rues de Montréal des milliers de participants. Même au plus fort de l'hiver, la fête des Neiges réjouit les Montréalais et un immense carnaval, très couru, se déroule à Québec.

Les meilleurs festivals de cinéma

Rendez-vous du cinéma québécois
(www.rvcq.com). Le cinéma québécois est à l'honneur pendant la deuxième quinzaine du mois de février, avec plusieurs centaines de projections.

FIFA-Festival international du film sur l'art (📞874-1637 ; www.artfifa.com). En mars, le festival de films sur l'art le plus réputé au monde.

Festival des Films du monde (📞848-3883 ; www.ffm-montreal.org). Projections organisées dans plusieurs cinémas de la ville pendant le mois d'août.

Rencontres internationales du documentaire
(www.ridm.qc.ca). Pendant deux semaines à la mi-décembre, le cinéma documentaire d'ici et d'ailleurs est à l'honneur.

Arts de la scène

Festival TransAmériques (📞842-0704 ; www.fta. qc.ca). Festival consacré à la danse et au théâtre d'avant-garde. Il accueille en mai des créateurs réputés des quatre coins du globe.

Festival Juste pour rire (📞845-2322 ; www. montreal.hahaha.com/ fr). En juillet, plus grand festival d'humour au monde avec deux

volets : francophone et anglophone (Just for Laughs). Spectacles en salle et arts de la rue (marionnettes, mimes, *street dance*).

Montréal complètement cirque (www. montrealcompletement-cirque.com). Aussi en juillet, deux semaines de prestations intérieures et extérieures articulées autour de la ToHu (voir p. 159).

Zoofest (www.zoofest. com). Échelonné sur les trois dernières semaines du mois de juillet, un festival d'humour, théâtre, magie et divertissement mettant en valeur les artistes émergents.

Concerts

Festival international de jazz de Montréal (📞871-1881 ; www.montrealjazzfest. com). Un des plus grands festivals de jazz de la planète, réunissant en juillet les meilleurs artistes internationaux et locaux.

Les Francofolies de Montréal (📞876-8989 ; www.francofolies. com). En juin, plus de 200 spectacles (dont 150 en plein air, gratuits) pour cette fête de la chanson francophone.

Osheaga (www.osheaga. ca). Dernier week-end de juillet, un grand festival d'arts et de musiques alternatives au parc Jean-Drapeau.

Musique expérimentale et électro

Mutek (📞871-8646 ; www.mutek.org). Début juin. Festival de musiques électroniques et de performances audiovisuelles numériques.

Suoni Per Il Popolo (📞284-0122 ; www. suoniperilpopolo. org). Programmation internationale de musiques expérimentales et d'avant-garde. En juin.

Festivals hivernaux

Feux sur glace Tous les samedis de décembre au Vieux-Port, feux d'artifice en musique dès 20h.

Fête des Neiges (📞872-6120 ; www.fetedesneiges. com). Deux semaines de festivités en janvier, avec tire d'érable, glissades et château-fort de neige au parc Jean-Drapeau.

Igloofest (📞904-1247 ; www.igloofest.ca). Tous les week-ends du mois de janvier au Vieux-Port, soirées festives de musique électronique en extérieur.

Montréal en lumière (📞288-9955 ; www. montrealenlumiere.com). Danse, musique, activités nocturnes délirantes et gastronomie sont au programme en février.

Festivals variés

Mondial de la bière (http://festivalmondialbiere. qc.ca). Festival de dégustation où le houblon fermenté est à l'honneur, au début du mois de juin.

International des Feux (📞397-7777 ; www.inter- nationaldesfeuxlotoquebec. com). Au bord du fleuve, des feux d'artifice sont tirés chaque semaine en été dans le cadre d'un concours mondial d'art pyrotechnique.

Festival Fantasia (www. fantasiafest.com). En juillet, festival de films unique en son genre qui privilégie les genres marginaux (horreur, science-fiction, kung-fu, etc.).

Terres en vue/ Présence autochtone (www.nativelynx.qc.ca). Les plus grandes festivités autochtones de la région montréalaise, la première semaine du mois d'août, axés sur le partage et le mélange des genres.

À Québec

Festival d'été (📞418-800-3347 ; www.infofestival. com). Pléthore de concerts pour le festival de musique le plus important au Canada.

Carnaval (📞418-626-3716 ; http://carnaval. qc.ca) De la fin janvier à la mi-février, le plus grand carnaval hivernal au monde. Défilés, courses de bateaux, sculpture sur glace, luge, danse, musique et force libations.

Montréal

Hier et aujourd'hui

En habit d'époque dans le Vieux-Montréal
© PASCAL DUMONT

Histoire

Territoire disputé par la France et l'Angleterre, le Québec a connu une histoire tumultueuse, avec Montréal et Québec comme principaux sites de peuplement. Au fil des siècles, ces deux villes prospères ont essuyé des revers, sans cependant que cela porte atteinte à leur dynamisme et à leur rôle moteur dans la préservation de la langue française en Amérique du Nord.

La colonisation franco-anglaise

Lorsque Jacques Cartier visite en 1535 le village d'Hochelaga ("lieu du castor") sur les pentes du mont Royal, l'île de Montréal est habitée par un groupe d'Iroquois du Saint-Laurent, l'une des tribus des Cinq Nations. La prise de possession du territoire par l'explorateur, au nom du roi de France, ne modifie en rien les habitudes des Amérindiens car il faut attendre le XVIIᵉ siècle pour que Samuel de Champlain engage des explorations plus poussées, fondant en 1608 la ville de Québec. Malgré la résistance farouche des Amérindiens, Paul de Chomedey de Maisonneuve établit en 1642 la première mission permanente, Ville-Marie (future Montréal), destinée à convertir les populations autochtones au christianisme. Celle-ci se transforme bientôt en plaque tournante de la traite des fourrures. Québec devient la capitale de la Nouvelle-France, tandis que les trappeurs de Montréal créent un réseau de comptoirs commerciaux liés à la Compagnie de la Baie d'Hudson, dans l'arrière-pays.

En 1759, la victoire décisive du général britannique James Wolfe sur les Français à la bataille des plaines d'Abraham à Québec signe la fin de la Nouvelle-France et la cession du Canada à la couronne d'Angleterre. À l'issue de la conquête, les marchands écossais renforcent leur mainmise sur le commerce de la fourrure en fondant la Compagnie du Nord-Ouest.

Lors de la guerre d'Indépendance des États-Unis (1763-1783), l'armée américaine opposée aux Anglais s'empare de Montréal et installe son quartier général au château Ramezay. Mais les occupants doivent quitter la ville sept mois plus tard, Benjamin Franklin n'ayant pas réussi, malgré ses remarquables talents de négociateur, à convaincre les Canadiens-Français de rallier la cause révolutionnaire.

La révolution industrielle

Au début du XIXᵉ siècle, le déplacement du commerce de la fourrure vers le nord, dans la baie d'Hudson, a des répercussions négatives sur la prospérité de Montréal. Cependant, une nouvelle catégorie de négociants et de financiers internationaux fonde la Banque de Montréal et investit dans le transport maritime et le nouveau réseau ferré. Des dizaines de milliers d'immigrants irlandais viennent travailler sur les chemins de fer, dans les usines, les moulins et les brasseries qui fleurissent le long du canal de Lachine, témoignant de la révolution industrielle en marche dans le pays.

La Confédération canadienne (1867) accorde aux Québécois une certaine autonomie dans la gestion des affaires économiques et sociales de la province, et reconnaît le français comme langue officielle. Les francophones des zones rurales affluent en ville pour chercher un emploi et redeviennent majoritaires. Durant cet âge d'or de son histoire, Montréal est alors le premier centre ferroviaire, financier et industriel du Canada. Le siège des chemins de fer du Canadien Pacifique s'y installe dans les années 1880 et le blé de l'Ouest canadien à destination de l'Europe transite par son port.

Dans la deuxième moitié du XIXe siècle, une vague d'immigration en provenance d'Italie, d'Espagne, d'Allemagne, d'Europe de l'Est et de Russie confère à la ville son caractère cosmopolite. En 1914, la métropole compte déjà plus de 500 000 habitants.

La montée du nationalisme

L'entente qui règne entre les Québécois et le reste du Canada se délite après le déclenchement de la Première Guerre mondiale. Des milliers de francophones s'engagent dans les unités anglophones qui combattent aux côtés du Royaume-Uni, jusqu'à ce que le gouvernement de l'Ontario promulgue en 1915 une loi limitant l'usage de la langue française dans les écoles, ce qui suscite un tollé au Québec. Lorsque le gouvernement fédéral instaure la conscription en 1917, les nationalistes francophones dénoncent un complot visant à réduire leur communauté. La question refait surface pendant la Seconde Guerre mondiale, 80% des francophones rejetant la conscription contre autant d'anglophones favorables à la mesure.

À l'époque de la Prohibition, Montréal devient un lieu de licence où les Américains en quête d'alcool, de femmes et de jeu affluent en masse. La période faste prend fin avec la Grande Dépression de 1929 qui touche l'ensemble du pays. Le taux de chômage monte à 25% en 1933, tandis que le PNB chute de 40% entre 1929 et 1939.

Face à l'effondrement de l'économie, les nationalistes québécois proposent de créer des coopératives, de nationaliser les compagnies d'électricité aux mains des anglophones et de promouvoir les produits du Canada français. Le parti de l'Union nationale profite de ce réveil et remporte les élections dans la province en 1936. Son chef, Maurice Duplessis, sera Premier ministre du Québec jusqu'en 1939, puis à nouveau de 1944 à 1959, date de sa mort. Son idéologie se résume à un libéralisme débridé, combiné à un nationalisme ultraconservateur. En grande partie sous la coupe du clergé, les années Duplessis, surnommées l'époque de la "Grande Noirceur", se caractérisent par la ruralité et un gouvernement fort.

La Révolution tranquille

En 1960, le Parti libéral, sous la férule du Premier ministre Jean Lesage, met en place des mesures de grande ampleur, inaugurant le début de la Révolution tranquille, qui marquera une rupture importante dans l'histoire du Québec. Celle-ci se traduit par une réorganisation de l'appareil étatique québécois dans tous les secteurs d'activité, la réconciliation entre le parti au pouvoir et les mouvements nationalistes traditionnels, l'instauration de l'État-providence et la fin du cléricalisme.

Si cette période signe la fin de la domination des anglophones au sein des instances économiques, les nationalistes radicaux jugent encore l'avancée insuffisante et revendiquent l'indépendance du Québec comme le seul processus capable d'assurer les droits des francophones.

Afin d'éviter l'affrontement avec une province où le séparatisme gagne du terrain, le Premier ministre du Canada Pierre Elliott Trudeau propose en 1969 deux mesures clés : l'instauration du bilinguisme à l'échelle du pays pour permettre aux francophones d'accéder aux institutions nationales et un amendement de la Constitution destiné à garantir leurs droits. Ottawa injecte alors des fonds dans les projets bilingues, mais les francophones continuent de se montrer sceptiques quant à l'avenir du français comme première langue de travail au Québec.

En 1976, le mécontentement persistant débouche sur l'élection de René Lévesque et du Parti québécois qui a fait campagne pour l'indépendance. L'année suivante, l'Assemblée nationale du Québec adopte la loi 101, ou charte de la langue française, qui fait de celle-ci la seule langue officielle de la province et stipule que les immigrés doivent inscrire leurs enfants dans les écoles francophones. Cette décision entraîne un véritable exode des anglophones, soit entre 300 000 et 400 000 personnes selon le groupe Alliance Québec qui œuvre pour leur défense.

La Révolution tranquille donne le vent dans les voiles aux Québécois, ce qui exacerbe les tensions dans tout le Canada. Après sa réélection en 1980 à la tête du pays, le libéral Pierre Elliott Trudeau parvient toutefois à convaincre les francophones qu'ils obtiendront des droits accrus à travers un changement de la Constitution. Grâce à cette stratégie, il obtient un "non" confortable au référendum sur la souveraineté-association du Québec. En 1985, le Premier ministre québécois Robert Bourassa accepte une solution constitutionnelle, à condition que soit reconnu à sa province le statut de "société distincte" assorti de droits spécifiques. En 1987, le gouvernement fédéral du conservateur Brian Mulroney dévoile les accords du lac Meech qui satisfont la plupart des revendications du Québec. Le rejet de ces accords par le Manitoba et Terre-Neuve en 1990, ainsi que l'échec de la deuxième tentative de modifier la Constitution (accords de Charlottetown) déclenchera au Canada une crise politique majeure.

Apaisement et renaissance

Au début des années 1990, Montréal vit dans l'incertitude politique et la récession économique. Les symptômes du mal qui l'atteint sautent partout aux yeux : des entreprises ferment ou transfèrent leurs sièges dans d'autres parties du Canada, les rues du centre-ville sont bordées de boutiques désaffectées, des usines et des raffineries abandonnées rouillent à la périphérie de la ville. Les relations entre francophones et anglophones se détériorent encore davantage après le rejet du statut distinct de la province.

En 1994, la victoire du Parti québécois aux élections législatives déclenche une nouvelle crise en ravivant les velléités indépendantistes chez certains. Le résultat très serré du référendum sur la souveraineté-association du Québec qui a lieu l'année suivante surprend car tout le monde s'attendait à un "non" massif, alors que seules 52 000 voix, soit moins de 1% des votants, ont fait pencher la balance du côté de la fédération canadienne. À Montréal, où vivent la majorité des Québécois anglophones ou issus de l'immigration, plus des deux tiers des citoyens se prononcent contre la souveraineté. Ce phénomène fera dire au leader du Parti québécois Jacques Parizeau que "l'argent et le vote ethnique" ont privé le Québec de son indépendance.

À la suite du référendum, les moteurs de la Révolution tranquille, à savoir l'infériorité économique et l'insécurité linguistique des francophones, s'essoufflent. Lassée par des décennies de querelles séparatistes, la majeure partie des Montréalais laisse de côté ses antagonismes et se remet au travail.

Curieusement, c'est une catastrophe naturelle qui va renouer entre les communautés des liens de respect mutuel. En 1998, une énorme tempête de verglas provoquée par les vents saturés d'humidité du cyclone El Niño au dire de certains, par le réchauffement climatique selon d'autres, balaye la province. Plus de trois millions de personnes se retrouvent alors sans électricité ni services, parfois pendant des semaines, en plein cœur de l'hiver montréalais. Face au désastre, la solidarité fonctionne à plein au-delà des différences et des désaccords.

Durant cette embellie politique, Montréal achève la réorganisation fondamentale de son économie. La ville enregistre un boom d'activité dans des secteurs comme l'informatique, l'aérospatiale, les télécommunications et les produits pharmaceutiques qui remplacent l'industrie textile et le raffinage. Les salaires moyens en vigueur au Québec sont perçus comme un avantage par les entreprises qui recherchent une main-d'œuvre qualifiée abordable, d'où l'augmentation significative des investissements étrangers. Montréal devient un centre des nouvelles technologies de communication, incitant des dizaines de sociétés multimédias à s'implanter dans le secteur du Vieux-Port.

Ainsi métamorphosée, la ville montre une assurance à toute épreuve. Aujourd'hui, la rue Sainte-Catherine regorge de boutiques tendance et de grands magasins, le Vieux-Montréal accueille des hôtels et restaurants chics, les entrepôts jadis désaffectés ont été convertis en bureaux ou en appartements huppés, et le Plateau Mont-Royal compte désormais parmi les quartiers les plus branchés d'Amérique du Nord.

Ce dynamisme retrouvé provoque le retour de certains anglophones partis dans les années 1980 et 1990. Les conflits linguistiques ne sont plus autant d'actualité, de plus en plus de jeunes Montréalais étant bilingues. Pour la première fois, le nombre des propriétaires dépasse celui des locataires et les prix de l'immobilier montent en flèche. Enfin, l'opinion a rarement été aussi peu divisée.

Culture et société

Les Montréalais ont un pied en Europe et l'autre en Amérique du Nord, ce qui participe du caractère complexe de leur ville. On définit souvent celle-ci en opposant les cultures francophone et anglophone, et l'on oublie souvent que les autres groupes qui la composent – Italiens, Grecs, Haïtiens, Juifs, Portugais et Libanais en particulier – jouent un rôle tout aussi important.

On peut parfois voir des processions religieuses dans les rues autour de l'église portugaise du Plateau et, durant le shabbat, les familles juives hassidiques se rendent à la synagogue dans le Mile End. Plus au nord, la rumeur des matchs de football retransmis à la télévision résonne dans les trattorias de la Petite Italie. Les Italiens forment d'ailleurs la troisième communauté locale avec quelque 230 000 personnes, soit plus de 10% de la population.

Aujourd'hui, le Montréalais a tendance à embrasser tour à tour les différentes identités culturelles qui cohabitent. La société Saint-Jean-Baptiste, une organisation patriotique, invite par exemple les groupes non francophones à participer à la fête nationale, tandis que les anglophones acceptent dans l'ensemble le français comme langue vernaculaire de la société québécoise.

Il n'y a pas si longtemps encore, Montréal défrayait surtout la chronique par ses divergences entre francophones et anglophones. À présent, la ville et la province du Québec en général se soucient davantage de problèmes sociaux, notamment le montant élevé des impôts, l'état du système de santé ou le délabrement d'une partie du réseau routier.

Comparés aux autres Canadiens, les Québécois s'avèrent les plus farouches partisans du contrôle des armes et des mesures de protection de l'environnement telles que celles prises aux accords de Kyoto. En revanche, ils s'opposent plus que leurs voisins à l'engagement militaire du Canada en Afghanistan. Les Montréalais en dessous de 40 ans se marient moins et vivent davantage en concubinage, même lorsqu'ils élèvent des enfants.

Montréal doit cependant faire face à certains défis, dont la pénurie critique de médecins généralistes. De même, la loi qui oblige les parents à envoyer leurs enfants dans les écoles publiques francophones, à moins qu'ils aient eux-mêmes été éduqués en anglais, reste controversée. De nombreuses familles, y compris francophones, préféreraient en effet que leur progéniture reçoive un enseignement de langue anglaise pour être plus billingues.

Souvent qualifiée de "village" avec un mélange d'affection et de dérision, la ville de Québec passe pour être plus conservatrice et conformiste que Montréal. Farouchement francophone, elle a aussi la réputation d'intégrer difficilement les personnes nées ailleurs. Enfin, la religion catholique dominante fortement enracinée nourrit encore le lien communautaire.

Langue

Langue officielle du Québec, le français est défendu bec et ongles par les Québécois francophones qui y voient le dernier rempart contre l'hégémonie culturelle anglo-saxonne. Le caractère unique de Montréal au sein de la province réside dans la coexistence des deux entités linguistiques, française et anglaise, à la fois responsable du dynamisme de la ville et source de nombreux conflits.

Jusque dans les années 1970, la minorité anglaise, dont peu de membres parlaient le français, dirigeait les grandes entreprises, occupait les postes à responsabilité et faisait fortune au Québec. Les francophones avaient alors parfois du mal à obtenir des services dans leur langue.

Face à la montée du mouvement séparatiste, le gouvernement canadien a passé en 1969 une loi obligeant tous les services fédéraux et panneaux de signalisation à utiliser les deux langues. La campagne du Parti québécois revendiquant la primauté du français au Québec a débouché ensuite sur la Charte de la langue française (loi 101) adoptée en 1977. Malgré de nombreux grincements de dents, cette loi a sûrement contribué à la sauvegarde du français en Amérique du Nord. Aujourd'hui, presque tous les anglophones le parlent, un fait rare il y a encore dix ans.

Actuellement, quelque 66% des Montréalais s'expriment majoritairement en français chez eux, contre 12% en anglais et 22% dans une autre langue. Le bilinguisme est très répandu, plus de la moitié de la population maîtrisant couramment le français et l'anglais. En ce qui concerne la ville de Québec, les francophones dominent de façon écrasante, car le français constitue la langue maternelle de 95% des habitants.

À l'époque de la colonisation, les nouveaux arrivants français n'avaient que peu de rapports avec la mère patrie. Le français québécois a donc suivi une évolution plus ou moins indépendante par rapport à la langue de la métropole. Il en résulte un parler haut en couleur, avec ses propres expressions et des mots hérités du XVIIe siècle, mais aussi des néologismes évocateurs.

L'accent varie beaucoup à travers la province, mais il se distingue toujours par un rythme tonique caractéristique. Le français québécois utilise également quantité de mots anglais, adaptés à la sauce locale. Néanmoins, les Québécois vous comprendront parfaitement.

Carnet pratique

© PASCAL DUMONT

Carnet pratique

Arriver à Montréal et à Québec

☑ **Conseil** Pour connaître le meilleur moyen de rejoindre votre hôtel, reportez-vous p. 17.

Aéroport Pierre-Elliott-Trudeau

➡ Les vols internationaux desservent Montréal arrivent à l'**aéroport Pierre-Elliott-Trudeau** (☎394-7377, 1-800-465-1213 ; www.admtl.com), parfois désigné par son ancien nom de Dorval ; il se situe à 21 km à l'ouest du centre-ville.

➡ La **ligne n° 747** (☎786-4636 ; www.stm.info) circule fréquemment, toutes les 7-20 minutes, 24h/24, entre l'aéroport, le **métro Lionel-Groulx** et la **gare routière de Montréal** (plan p. 64, B3 ; ☎842-2281 ; 1717 rue Berri ; Ⓜ Berri-UQAM),

au centre-ville. Le trajet dure 45-60 minutes et coûte 9 $, incluant l'usage de l'ensemble du réseau bus-métro pour 24h.

➡ Une autre option plus économique consiste à prendre le bus n° 204 Est jusqu'à la gare Dorval, puis le bus n° 211 Est (vers Ⓜ Lionel-Groulx) ou 202 Est (vers Ⓜ Du Collège). Ces bus fonctionnent dans les deux sens de 5h à 1h et il faut compter environ 1 heure de route (3 $ l'aller simple).

➡ Les taxis demandent la somme forfaitaire de 40 $ entre l'aéroport et Montréal.

➡ Des bus d'**Orléans Express** (☎1-888-999-3977 ; www.orleansexpress. com ; guichet au niveau des arrivées internationales) permettent de rallier Québec et Trois-Rivières depuis l'aéroport directement, tandis que **Greyhound** (☎1-800-661-8747 ; www.greyhound.ca ; arrêt au niveau des arrivées

internationales) relie Ottawa et Gatineau.

Aéroport international Jean-Lesage

➡ À Québec, l'**aéroport international Jean-Lesage** (☎418-640-2700 ; www.aeroportdequebec. com) se trouve à 15 km à l'ouest du centre-ville.

➡ Il n'y a aucun service de bus pour rejoindre la ville de Québec. Le prix de la course en taxi est fixé à 34,25 $.

Gare centrale de Montréal

➡ Les trains **Amtrak** (☎1-800-872-7245 ; http://francais. amtrak.com) en provenance de New York ont pour terminus la **gare centrale**. Elle est reliée à la station de métro Bonaventure sur la ligne orange par un système de tunnels sans même avoir besoin de sortir à l'extérieur.

Depuis la France

Les principales compagnies canadiennes desservant Montréal sont **Air Canada** (☎0 825 380 881 en France ; www.aircanada.com) et **Air Transat** (☎0 825 120 248 ; www.airtransat.fr). Depuis la France, vous pourrez aussi vous adresser à **Air France** (☎36 54 en France, 0,34 €/min ; www.airfrance. fr) et **Corsairfly** (☎0 820 042 042 ; www.corsairfly. com).

British Airways, Swissair et KLM assurent également des liaisons régulières et quotidiennes avec Montréal, via Londres, Amsterdam ou Zurich. Toute l'année, Air Transat propose des vols directs entre Montréal (et parfois Québec) et plusieurs villes de province, notamment Lyon, Nice, Marseille, Nantes et Toulouse.

À titre indicatif, les tarifs d'un aller-retour entre Paris et Montréal varient entre 450 et 1000 €, selon les compagnies et les mois de départ, le prix moyen se situant autour de 630 €.

Depuis la Belgique

Air Canada (☎0031 20 405 5250 ; www.aircanada.com/france), **Air France** (☎070 22 24-66 en Belgique ; www. airfrance.fr) et **Air Transat** (☎0 800 872 672 88 ; www. airtransat.be) desservent également la Belgique à destination de Montréal, de même que **SN Brussels Airlines** (☎0 826 10 18 18 en France, ☎0902 51 600 en Belgique ; www.brusselsairlines.com).

Le prix moyen d'un billet aller-retour entre Bruxelles et Montréal se situe autour de 750 €, les tarifs pouvant varier de 460 à 1050 € selon les compagnies et la période.

Depuis la Suisse

Air Canada (☎0848 247 226 en Suisse ; www. aircanada.com/ch/fr) propose des vols au départ de Genève et Zurich. **Swiss International Airlines** (☎0 848 700 700 en Suisse, 0 892 23 25 01 en France ; www.swiss.com) dessert Montréal depuis Zurich.

Le prix moyen d'un billet aller-retour entre Genève et Montréal se situe également autour de 750 €, les tarifs pouvant varier de 500 à 1300 € selon les compagnies et la période.

Comment circuler

Métro et bus

☑ **Idéal pour...** vos déplacements dans toute la ville. Dans ce guide, le symbole Ⓜ précède le nom de la station la plus proche du site évoqué.

➜ Montréal dispose d'un réseau de métro et de bus moderne et pratique géré par la **STM** (Société de transport de Montréal ; ☎786-4636 ; www.stm.info).

➜ Les stations de métro sont signalées par de grands panneaux bleus dotés d'une flèche blanche pointée vers le bas.

➜ Le métro circule généralement de 5h30 à 0h30 du dimanche au jeudi et de 5h30 à 1h30 les vendredis et samedis, la ligne bleue terminant un peu plus tôt que les trois autres.

➜ Les tickets coûtent 3 $ à l'unité, 5,50 $ pour 2 et 24,50 $ les 10. Les bus acceptent les tickets et les espèces, mais ils ne rendent pas la monnaie. Signalons aussi les forfaits touristiques de un ou trois jours (9/18 $, en vente à Ⓜ Berri-UQAM et Ⓜ Bonaventure). Un nouveau ticket permet aussi de se déplacer la soirée et la nuit (de 18h à 5h) pour 4 $.

➡ La carte Musées Montréal à 65 $ (voir p. 181) donne aussi libre accès aux transports en commun et aux musées pendant 3 jours.

➡ À Québec, le transport est assuré par les bus urbains blanc et bleu de la **RTC** (Réseau de transport de la capitale ; 🕿 418-627-2511 ; www.rtcquebec.ca). Le ticket coûte 2,75 $ (correspondance gratuite) et le forfait journée 7,25 $.

➡ Il faut actionner la sonnette pour signaler que vous voulez descendre au prochain arrêt, mais aussi être très attentif car les arrêts de bus n'ont pas de nom et ne sont pas annoncés.

Taxi

☑ **Idéal pour...** des destinations éloignées des stations de métro et pour circuler après 0h30.

➡ Comptez 3,45 $ de prise en charge, plus 1,70 $/km ou 0,63 $/minute d'attente. Les deux compagnies principales opérant à Montréal sont **Taxi Coop Montréal** (🕿 725-2667 ;

www.taxi-coop.com), **Taxi Diamond** (🕿 273-6331 ; www.taxidiamond.com) et **Taxi Champlain** (🕿 273-2435). **Taxi Coop Québec** (🕿 418-525-5191) est la plus importante compagnie de Québec.

Vélo

➡ Le système de vélos en libre-service **Bixi** (http://montreal.bixi.com) est une solution avantageuse pour les courts trajets (abonnement de 7/15 $ pour 1/3 jours, location gratuite la première demi-heure, puis 1,75 $ par demi-heure supplémentaire).

➡ Les visiteurs peuvent aussi louer des vélos et des rollers auprès de **Ça Roule** (p. 60), dans le Vieux-Montréal, et de **My Bicyclette** (p. 43), près du marché Atwater.

➡ La ville de Québec entretient 70 km de voies cyclables, dont une le long du Saint-Laurent qui rejoint des sentiers au bord de la rivière Saint-Charles.

De Montréal à Québec

Québec se trouve à environ 260 km au nord-est de Montréal. Si vous ne louez pas de voiture, il existe d'autres moyens

de transport entre les deux villes.

➡ Ⓡ **Via Rail** (🕿 1 888 842 7245 ; www.viarail.ca) effectue trois liaisons quotidiennes entre la **gare centrale de Montréal** (plan p. 130, F3 ; 🕿 989 2626 ; 895 rue de la Gauchetière ; Ⓜ Bonaventure) et la **gare du Palais** à Québec (plan p. 132, A1 ; 🕿 888 842 7245 ; 450 rue de la Gare-du-Palais). Le trajet dure 3 heures 30 et coûte à partir de 50/100 $ l'aller simple/aller-retour.

➡ Ⓡ **Orléans Express** (🕿 1 888 999 3977 ; www.orleansexpress.com) circule tous les jours entre la **gare routière de Montréal** (plan p. 64, B3 ; 🕿 842 2281 ; 1717 rue Berri ; Ⓜ Berri-UQAM), et la **gare du Palais** à Québec (plan p. 132, A1 ; 🕿 418-525-3000 ; 450 rue de la Gare-du-Palais). Comptez à partir de 57/91 $ l'aller simple/aller-retour et 3 heures 15 à 4 heures 30 de route.

Infos pratiques

Argent

☑ **À savoir** Les prix sont toujours affichés hors taxes. La somme des deux taxes (taxe sur les produits et services

– TPS – et taxe de vente du Québec – TVQ) équivaut à 15% du prix annoncé. Les produits alimentaires peu ou pas transformés (légumes, pain, viande, œufs, etc.) ne sont pas taxés.

➔ La monnaie canadienne est le dollar canadien ($; CAD) lequel est divisé en 100 cents. Pour connaître les derniers taux de change, consultez le site www.xe.com.

➔ Il y a beaucoup de DAB partout dans les deux villes. Les DAB situés dans les bars, commerces, etc. perçoivent une surtaxe de 1,75 $ environ en plus des frais de transaction habituels.

Cartes de réduction

☑ **Bon plan** Valable 3 jours, la **carte Musées Montréal** (www. museesmontreal.org) donne accès à 38 musées pour trois jours (avec/ sans transport en commun 55/60 $). Elle est disponible en ligne, dans les centres d'information touristique et les musées.

➔ Les réductions sont courantes pour les seniors, les enfants, les familles et les handicapés.

Les réductions sont appliquées au moment de payer.

➔ La **carte d'identité internationale des étudiants** (ISIC ; www. isiccard.com) est reconnue et acceptée comme preuve du statut étudiant.

Climat

➔ **Hiver (déc-fév).** Très froid, enneigé et ensoleillé, avec des températures allant jusqu'à -35°C. Début février est idéal pour les activités hivernales.

➔ **Printemps (mars-mai).** Le mercure commence à remonter, mais le temps est imprévisible. Parfois la neige fond fin mars, mais avril compte plusieurs tempêtes. Le mois de mai est agréable.

➔ **Été (juin-août).** L'été est très chaud et humide. Lors des "vagues de chaleur", les températures montent jusqu'à 35°C

et redescendent assez peu la nuit. Préférez un hébergement climatisé.

➔ **Automne (sept-nov).** Les fraîcheurs rendent la visite agréable pour peu que l'on soit équipé d'un bon coupe-vent et d'un pull. Les arbres feuillus prennent leurs fameuses couleurs de l'été indien.

Électricité

110 V/60 Hz

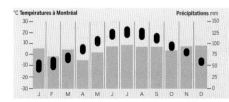

°C Températures à Montréal | Précipitations mm

110 V/60 Hz

Handicapés

➡ La plupart des bâtiments publics de Montréal, dont les offices du tourisme, les grands musées et les sites majeurs, sont conçus pour accueillir les fauteuils roulants. Nombre de restaurants et d'hôtels disposent également d'installations destinées aux personnes à mobilité réduite. Les stations de métro ne sont peu ou pas équipées, mais des bus NOVA LFS aménagés circulent désormais sur presque toutes les lignes principales. Consultez le site de la **STM** (www.stm. info) afin de connaître les itinéraires desservis et vous familiariser avec la procédure à suivre

pour monter à bord des bus. Notez que la STM propose aussi un service de transport adapté en minibus (📞280-8211).

Voyage accessible (www. accesstotravel.gc.ca) fournit des renseignements sur les transports au Canada.

➡ **Kéroul** (📞252-3104 ; www.keroul.qc.ca ; 4545 av. Pierre-de-Coubertin ; Ⓜ Pie-IX). À quelques kilomètres à l'est du Plateau Mont-Royal, près du stade olympique, cet organisme édite *Québec Accessible* (20 \$), qui répertorie plus de 1 000 hôtels, restaurants et centres d'intérêt dans la province. Il propose aussi des voyages au Québec et en Ontario pour les handicapés.

➡ **VIA Rail** (📞871-6000, 1-888-842-7733 ; www. viarail.com) se charge de l'embarquement des usagers en fauteuil roulant à condition de prévenir 48 heures à l'avance. Renseignements disponibles à la gare centrale de Montréal et à la gare du Palais à Québec. Les bus de la ville de Québec ne sont pas accessibles en fauteuil roulant, mais il existe des services spécialisés.

➡ **Transport accessible du Québec** (📞418-641-8294 ; www.taxibijjou.com ; 🕐6h-24h). Des minibus aménagés à réserver 24 heures au préalable.

➡ **Transport adapté de Québec Métro** (📞418-687-2641 ; 3 \$ par trajet ; 🕐7h-0h30). Vingt minibus assurent un service porte à porte. Réservez au moins 8 heures à l'avance

Heures d'ouverture

☑ **À savoir** Les horaires des sites touristiques sont plus réduits en dehors de la haute saison (mai-sept). À Québec, certains sites et attractions ferment même totalement en période creuse.

➡ La plupart des banques de Montréal et de la ville de Québec accueillent la clientèle de 10h à 15h en semaine, sauf le jeudi où elles ferment à 19h. Les bureaux de poste ouvrent de 8h à 17h du lundi au vendredi.

➡ Les magasins débutent la journée à 9h en semaine, baissent le rideau à 18h du lundi au mercredi et pratiquent des nocturnes jusqu'à 21h les jeudis et vendredis. Le week-end, les employés travaillent habituellement à partir

le 10h le samedi, de 12h
e dimanche, et jusqu'à
7h. Les supermarchés
onctionnent tous les
ours de 8h à 22h.

▶ Les restaurants servent
habituellement de 11h à
14h30 et de 17h30 à 23h,
mais les cafés assurant
e petit-déjeuner peuvent
ouvrir à 7h ou 8h.

▶ De nombreux bars et
pubs fonctionnent de 11h
parfois 17h) à minuit ou
3h, l'heure de fermeture
égale. Les clubs restent
parfois ouverts jusqu'aux
environs de 8h du matin
pas d'alcool après 3h).

nternet

Un nombre croissant de
cafés offrent un accès
Wi-Fi gratuit. Inscrivez-
vous sur le site **Île Sans
Fil** (www.ilesansfil.org) pour
connaître les quelque
.50 adresses concernées
à Montréal.

Les points Wi-Fi gratuits
dans la ville de Québec
figurent sur **Zap Québec**
www.zapquebec.org).

Formalités et visas

☑ **À savoir** La durée
autorisée du séjour est
déterminée par l'agent
d'immigration à l'arrivée
dans le pays. Elle peut
varier de trois à six mois.
Les Français, les Belges,
es autres ressortissants

de l'Union européenne,
ainsi que les Suisses,
n'ont pas besoin de
visa pour un séjour
touristique. Un passeport
valide suffit. Si vous
êtes citoyen d'un autre
pays, renseignez-vous
auprès de **Citoyenneté
et Immigration Canada**
(CIC ; www.cic.gc.ca) ou d'un
consulat canadien.

Jours fériés

Voici la liste des
principaux jours fériés au
Québec :

Nouvel An 1er janvier

**Vendredi saint et lundi
de Pâques** fin mars à
mi-avril

Fête de la Reine 24 mai
ou lundi le plus proche

**Fête nationale du
Québec (ex-"fête de
saint Jean Baptiste")**
24 juin

Fête du Canada 1er juillet

Fête du Travail premier
lundi de septembre

**Action de grâce
(Thanksgiving
canadien)** deuxième
lundi d'octobre

Jour du souvenir
11 novembre

Noël 25 décembre

Après-Noël (Boxing Day)
26 décembre

Offices du tourisme

☑ **Conseil** À Montréal
et ailleurs au Québec, le
**service téléphonique
d'information
touristique** (☎depuis le
Canada 1-877-266-5687, depuis
l'étranger 514-873-2015 ; www.
tourism-montreal.org) est
très pratique. Dans les
aéroports, des kiosques
donnent des informations.

En France et en Belgique,
vous obtiendrez des
renseignements utiles
en contactant **Tourisme
Québec** (☎0-800-90-77-77
depuis la France ou ☎0-800-
78-532 depuis la Belgique),
entre 15h et 23h. L'appel
est gratuit et aboutit
directement au Québec.
Le service fonctionne
7 jours sur 7.

À Montréal

Centre Infotouriste
(plan p. 30, E3 ; ☎873-2015
ou 1-877-266-5687 ; www.
bonjourquebec.com ; 1255,
rue Peel, bureau 100 ; ⏱
9h-18h avr à mi-juin, sept-oct,
9h-19h mi-juin à août, 9h-17h
nov-mars ; Ⓜ Peel). Tout ce
que vous voulez savoir sur
Montréal et le Québec.
L'endroit dispose aussi
de comptoirs consacrés
aux parcs nationaux, à la
location de voitures, aux
promenades en bateaux

et aux visites guidées de la ville. Le centre se charge des réservations d'hôtels, sans commission.

Bureau d'information touristique du Vieux-Montréal (plan p. 52, C1 ; 174 rue Notre-Dame Est ; www.tourisme-montreal.org ; ⊙tlj 9h-19h juin-sept, avr-mai 10h-18h, oct-nov 10h-17h ; Ⓜ Champ-de-Mars). Près de la place Jacques-Cartier, ce petit bureau bourdonnant d'activités emploie un personnel très serviable.

À Québec

➡ **Centre Infotouriste** (plan p. 132, C3 ; ☏ 418-649-2608, 1-800-363-7777 ; 12 rue Sainte-Anne ; ⊙9h-19h fin juin-août, 9h-17h le reste de l'année). Au cœur du Vieux-Québec.

Pourboire

Dans les restaurants, il convient de laisser 15% du prix hors taxes. On donne également un pourboire aux serveurs des bars – environ 1 $ par verre commandé.

Le montant à remettre aux bagagistes des hôtels s'élève entre 1 à 2 $ par bagage. Les femmes de chambre apprécient également un geste. Pour les chauffeurs de taxi, coiffeurs et barbiers, comptez entre 10 et 15% de la note.

Téléphone

☑ **Conseil** Procurez-vous un téléphone portable débloqué utilisable à l'étranger. Une fois arrivé à destination, il vous suffira d'acheter une carte SIM pour pouvoir téléphoner.

Pour les appels locaux, il vous en coûtera 50 cents (¢) depuis une cabine, quelle que soit la durée de l'appel. Les cartes téléphoniques internationales prépayées sont la solution la plus économique pour téléphoner en Europe.

Les numéros ☏1 800 ou 1 888 utilisés par nombre de sociétés, hôtels, etc. sont gratuits, mais ne peuvent être composés en dehors du Canada.

Pour appeler l'étranger, composez le ☏011 suivi du code du pays (33 pour la France) et du numéro de votre correspondant (sans le zéro initial).

Téléphones portables

Les seuls téléphones portables utilisables au Canada sont les modèles tribandes GSM 1900 (ou fonctionnant avec d'autres fréquences).

Le mieux consiste à en acheter un prépayé dans un magasin d'électronique. La plupart des mobiles coûtent moins de 125 $, messagerie vocale, quelques minutes de communication et carte SIM rechargeable comprises.

Indicatifs

L'indicatif téléphonique du Canada est le ☏1, celui de Montréal le ☏514, et celui de Québec le ☏418. Les deux villes ont récemment adopté les numéros à dix chiffres ce qui signifie que vous devez composer l'indicatif régional même si votre correspondant se situe dans la même zone.

Numéros utiles

Renseignements téléphoniques ☏411

Opérateur ☏0

Urgences

Dans le doute, composez le ☏0 et demandez à l'opérateur de vous aider.

Police, pompiers, ambulance ☏911

Centre antipoison ☏1-800-463-5060

Police (sauf urgences) ☏280-2222

Hébergement

Conseil Lors de grandes manifestations annuelles comme le Festival international de jazz de Montréal (fin juin-début juillet) et le Festival d'été de Québec (mi-juillet), il importe de réserver bien à l'avance pour être sûr d'avoir une chambre.

La formule B&B constitue l'un des points forts de Montréal (voir p. 190). Nombre de ces établissements occupent de jolies demeures en pierre du XIXᵉ siècle à proximité du boulevard Saint-Laurent et de la rue Saint-Denis, qui regroupent les bars et restaurants du Plateau, ou de la rue Sainte-Catherine Est dans le Village.

Les petits hôtels installés dans des maisons victoriennes sont tout aussi intéressants. Situés dans le centre et le Quartier latin, ils peuvent être, selon les cas, simples et fonctionnels ou douillets et pleins de cachet.

Dans le Vieux-Montréal se trouvent les adresses les plus onéreuses. Ces dix dernières années, beaucoup de constructions anciennes ont été converties en boutique-hôtels, à l'atmosphère unique et au service fiable.

Le centre-ville est le fief des hôtels d'affaires et des chaînes haut de gamme. On y trouve toutefois quelques établissements indépendants dignes d'intérêt et des adresses à petit prix.

Le bastion estudiantin du Quartier latin abrite des établissements corrects proches des bars.

Les voyageurs gays optent souvent pour les adresses du Village qui se distingue par de charmants B&B. Central et bien desservi par le métro, le Village fait aussi partie des secteurs les plus pratiques.

➡ Loger dans le Plateau permet d'être à deux pas des meilleurs tables et lieux de sortie nocturnes montréalais. Si ce quartier à la mode renferme des B&B pleins de caractère, les hôtels y sont peu nombreux et très espacés.

➡ La ville de Québec présente elle aussi une offre attrayante, avec des hôtels de charme et des "couettes et café" (B&B) très plaisants. Les meilleurs sont situés dans des petits hôtels de style et des maisons victoriennes du Vieux-Québec.

➡ Les prix augmentent durant la haute saison estivale. Ils baissent parfois de 20 à 30% en période creuse, d'octobre à avril (sauf à Noël et au Nouvel An).

➡ Les réservations peuvent s'effectuer en ligne via l'organisme officiel du tourisme québécois (www.bonjourquebec.com).

MONTRÉAL

Petits budgets

Résidences de l'UQAM

☎ 987-6669, 303 bd René-Lévesque Est ou ☎ 987-7747, 2100 rue Saint-Urbain ; www. residences-uqam.qc.ca ; ch 69-90 $ studio 69-147 $, selon saison ; mi-mai à mi-août ; Saint-Laurent ;

Au cœur du Quartier latin ou en plein centre-ville, les résidences de l'Université du Québec à Montréal comprennent des studios modernes et fonctionnels, dotés d'un lit simple ou double, d'une sdb et d'un coin cuisine. À louer également, des suites et des chambres dans des appartements en duplex.

Auberges de jeunesse à Montréal

Voici quatre auberges de jeunesse combinant prix imbattables et accueil sympathique. Que demander de plus ?

HI Montréal (☎843-3317 ou 1-866-843-3317 ; www.hostellingmontreal.com ; 1030 rue Mackay ; dort 21-31/26-36 $ membre/non-membre, d avec sdb 80/90 $; Ⓜ Lucien-L'Allier ; @🛜❄). Affiliée au réseau Hostelling International, l'auberge est ouverte 24h/24 à deux pas du centre-ville. Ce grand bâtiment blanc comprend des dortoirs de 4, 6 ou 10 lits, rénovés, avec des casiers. Les chambres individuelles sont d'un confort assez sommaire. Salle de lavage et accès Internet. Réservations conseillées (2 mois à l'avance) pour la période juin-septembre. Beaucoup d'activités gratuites et location de vélos (25 $).

Auberge alternative du Vieux-Montréal (☎282-8069 ; www.auberge-alternative. qc.ca ; 358 rue Saint-Pierre ; dort 25-27 $, petit-déj 5 $, ch 75-85 $ avec petit-déj, taxe incl ; Ⓜ Square-Victoria ; 🛜@). Charmante, cette auberge est installée dans un entrepôt centenaire, égayé par des peintures murales et des pièces aux couleurs plaisantes. Pour ceux qui recherchent plus d'intimité, l'Auberge alternative loue des chambres pour deux. Accès à une superbe cuisine moderne.

Gîte du Parc La Fontaine (☎522-3910 ou 1-877-350-4483 ; www.hostelmontreal. com ; 1250 Sherbrooke Est ; dort 28-35 $, d avec sdb commune 65-80 $, avec sdb privée 85-90 $; ☺juin-août ; Ⓜ Sherbrooke ; 🛜). Dans la portion est du Plateau Mont-Royal et à quelques minutes de la rue Saint-Denis, cette auberge occupe une maison ancienne joliment décorée. Outre d'agréables parties communes (cuisine, salon) et divers services bien utiles (buanderie, accès Internet), vous trouverez des dortoirs propres et clairs et des chambres individuelles. L'auberge possède un second pavillon, maintenant ouvert à l'année, dans le Quartier latin (185 rue Sherbrooke Est).

M Montréal (☎845-9803 ; www.m-montreal.com ; 1245 rue Saint-André ; dort 4-16 lits 18-36 $, d 80-125 $; Ⓜ Berri-UQAM ; @🛜❄). Cette auberge de jeunesse fait beaucoup parler d'elle (en bien !), notamment car tout y est neuf et en parfait état. Tout y est très propre et l'ambiance est bonne, en plus d'une situation remarquable du côté du Village. Les chambres sont toutefois exiguës et ne valent pas le prix. Réfrigérateurs et casiers dans les dortoirs. Personnel enthousiaste et café et thé à volonté, de même qu'un petit déjeuner de croissants et muffins. Le grand bar accueille régulièrement des concerts et offre de la bière de microbrasserie.

🎓 **Université McGill**

☎398-5200 ; www.francais.mcgill.ca/ residences/summer ; 3473 rue University ; ch 30-65 $; ☺15 mai-21 août ; Ⓜ McGill ; @

L'université anglophone propose deux résidences proches du centre-ville, le Bishop Mountain Hall et le Royal Victoria College. Vous trouverez les résidences en haut de la côte, sur le campus McGill, véritable petite ville enclavée à la limite du parc du Mont-Royal. Comptez 10 $ pour la literie. Tro nuitées minimum.

Hôtel Y de Montréal

📞 866-9942 ; www.ydesfemmesmtl.org ;
55 bd René-Lévesque Ouest ; s/d avec sdb
-75 $/60-85 $; Ⓜ Lucien-L'Allier ; 🛜

ncore souvent désigné sous le nom
"Y des femmes", cet hôtel accepte
ussi bien les hommes que les femmes.
stallé dans un grand bâtiment
oderne, il dispose de chambres
centes et confortables, mais sans
aractère particulier.

Trylon Appartements

📞 843-3971 ou 1-877-843-3971 ; www.trylon.
 ; 3463 rue Sainte-Famille ; studio 2 pers
$, suite et app 106-144 $/2 à 4 pers ;
Place-des-Arts ; 🛜 ❄ 🏊

ans le quartier de McGill, ce grand
meuble rénové loue de petits studios
ut équipés. Ceux situés dans la tour
énéficient d'une superbe vue sur la
le. Vous aurez accès à une buanderie
pourrez profiter à votre aise de la
scine intérieure et du spa. Location à
semaine possible et tarifs dégressifs
lon le nombre de nuitées.

atégorie moyenne

Anne ma sœur Anne

📞 281-3187 ; www.annemasoeuranne.com ;
19 rue Saint-Denis ; s/d 72-180/80-210 $;
❄ ; Ⓜ Mont-Royal

t hôtel-studio propose des chambres
mples, à la décoration chaleureuse, avec
s tons caramel et des boiseries. Toutes
nt équipées de lits escamotables et
une kitchenette avec four à micro-
des, cafetière, plaque de cuisson et
rigérateur. Des hamacs sont suspendus
 balcon des chambres. Les croissants
 petit-déjeuner vous attendent chaque
atin devant votre porte.

L'Auberge de la Fontaine

📞 597-0166 ; www.aubergedelafontaine.
com ; 1301 rue Rachel Est ; d 119-168 $
basse saison, 153-219 $ haute saison ;
Ⓜ Mont-Royal ; ❄ 🛜

Les tarifs de cette belle demeure
doivent beaucoup à la vue, depuis
sa terrasse, sur le tranquille parc
Lafontaine. Confortables, les chambres
présentent un heureux mélange
de boiseries, de murs de briques
d'époque et d'accessoires modernes. À
10 minutes de marche des stations de
métro Sherbrooke et Mont-Royal.

Armor Manoir Sherbrooke

📞 845-0915 ou 1-800-203-5485 ; www.
armormanoir.com ; 157 rue Sherbrooke Est ;
ch 109-149 $; Ⓜ Sherbrooke ; 🛜

Cette maison victorienne se divise
entre des chambres de style classique
et d'autres, plus contemporaines.
Certaines disposent d'un Jacuzzi.
Emplacement idéal, à proximité de la
rue Saint-Denis et de la place des Arts.

Montréal Espace Confort

📞 849-0505 ; www.montrealespaceconfort.
com ; 2050 rue Saint-Denis ; d sdb
commune/privée 75/95-140 $ petit-déj
inclus ; Ⓜ Sherbrooke ; 🛜 ❄

Cette auberge dispose de petites
chambres simples, mais de tout confort,
avec lit escamotable, micro-cuisine,
cafetière et sdb. Petit-déjeuner continental.
Bon rapport qualité/prix et tarifs
négociables selon le nombre de nuitées.

Hôtel de l'Institut

📞 282-5120 ; www.ithq.qc.ca ; 3535 rue
Saint-Denis ; d 145-295 $; Ⓜ Sherbrooke ;
🛜 ❄

Parfaitement bien situé en face du carré Saint-Louis, cet hôtel dispose de chambres agréables et douillettes, toutes avec balcon, grands lits, TV plasma, produits de toilette écologiques, peignoirs et douches italiennes. Fraîchement rénové, son originalité est de servir de centre de formation aux élèves de l'Institut de tourisme et d'hôtellerie du Québec.

🅑 L'Appartement Hôtel

📞 284-3634 ou 1-800-363-3010 ; www.appartementhotel.com ; 455 rue Sherbrooke Ouest ; studio 114-149 $, suite 139-259 $, selon saison ; Ⓜ Place-des-Arts ; 🛜 @ ♿

Suites et studios entièrement rénovés dans un style épuré un peu quelconque, mais lumineux et spacieux, avec balcons privés. Les petits appartements, tout équipés avec kitchenette, sont parfaits pour les familles. Vous pourrez profiter d'une piscine chauffée, installée sur le toit-terrasse, et d'un sauna. Petit-déjeuner continental inclus.

🅑 À la maison de Pierre et Dominique

📞 286-0307 ; www.bbcanada.com/928. html ; 271 square Saint-Louis ; s/d avec sdb commune 75-95/110-120 $; Ⓜ Sherbrooke ; 🛜

Face au carré Saint-Louis, ce B&B est un véritable havre de paix. Ses chambres, décorées avec grand soin et fraîches en été, sont toutes munies de cafetières et de réfrigérateurs. Deux petites chambres sont réservées aux voyageurs en solo. Délicieux petits-déjeuners 100% bio.

🅑 La Petite Prune

📞 289-4482 ; www.lapetiteprune.ca ; 3422 av. Laval ; s/d 65-110/85-130 $; Ⓜ Sherbrooke ; ✳ 🛜

Un petit nouveau sur la scène des gîtes montréalais qui a immédiatement su nous charmer. Toutes les chambres ont des sdb partagées. Les moins chères affichent un confort rustique mais efficace, tandis que les deux autres sont romantiques à souhait, avec baldaquin et couleurs enveloppantes, le tout dans un bâtiment du XIXe siècle.

Catégorie supérieure

🅑 Le Relais Lyonnais

📞 448-2991 ; www.lerelaislyonnais.com ; 1595 rue Saint-Denis ; ch 145-225/125-175 haute/basse saison ; Ⓜ Berri-UQAM ; 🛜 ▨

Au cœur du Quartier latin, cette maison du XIXe siècle, complètement rénovée, héberge un boutique-hôtel haut de gamme, à prix doux. Décor sobre et élégant, à l'européenne. Seul petit inconvénient, le bruit de la rue Saint-Denis en soirée.

🅑 Casa Bianca

📞 312-3837 ou 1-866-775-4431 ; www. casabianca.ca ; 4351 av. de l'Esplanade ; ch 129-269/119-199 $ haute/basse saison ; Ⓜ Mont-Royal puis 🚌 97 ; Ⓟ 🛜

Vous trouverez dans cette maison d'époque tout l'espace, le confort et le calme désirés. À mi-chemin entre le gîte et le boutique-hôtel, avec ses arrangements minimalistes et raffinés. Croissants bio, lits confortables et accueil impeccable.

🅑 Hôtel Place d'Armes

📞 842-1887 ; www.hotelplacedarmes.com ; 701 côte de la Place-d'Armes ; d 169-369 $; Ⓜ Place d'Armes ; 🛜 ✳

Face à la basilique Notre-Dame, ce très bel établissement marie le charme d'un

timent du XIXe siècle à une élégante
coration contemporaine. Hammam sur
ace, bar urbain et restaurant japonais
même qu'un joli petit bistro niché sur
toit, la Terrasse Place-d'Armes.

Auberge Le Pomerol

526-5511 ou 1-800-361-6896 ; www.
bergelepomerol.com ; 819 bd de
isonneuve Est ; ch 108-200 $ selon
nfort et saison ; Ⓜ Berri-UQAM ; 🛜

tte auberge raffinée de 30 chambres,
quelques pas de la gare routière, est
corée avec panache. Son style mêle
sign et confort, avec des tentures, du
étal et des couleurs aux tons caramel.
nsemble, bien qu'un peu étriqué, est
sy et chaleureux. Petits-déjeuners
nté livrés dans la chambre.

Le Germain

849-2050 ou 1-877-333-2050 ; www.
telgermain.com ; 2050 rue Mansfield ;
30-500 $; Ⓜ Peel ; 🛜 ❄ @ Ⓟ

cœur du centre-ville moderne, le
perbe Germain participe à la vague
s boutique-hôtels avec son style
uré et élégant : matériaux sombres,
xtiles de teintes claires, mobilier
sign et chaleureux. Certainement l'un
s meilleurs de la ville.

Le Loft Hôtel

1-888-414-5638 ; www.lofthotel.ca ;
4 Terrasse Saint-Denis ; ch 189-429 $;
Sherbrooke ; 🛜

bel édifice Art déco est maintenant
cupé par un boutique-hôtel tout ce
'il y a de plus contemporain, dans son
nfort et son approche écologique. Il
ppose une cinquantaine de vastes
ites-lofts (100 à 185 m^2) avec fenêtres

panoramiques, cuisines complètes,
literie de luxe et mobilier griffé.

QUÉBEC

Petits budgets

🛏 Auberge internationale de Québec

📞 418-694-0775 ou 1-866-694-0950 ;
www.cisq.org ; 19 rue Sainte-Ursule ;
membre HI/non-membre HI dort 24-
26/28-30 $, d sans sdb 72/80 $, avec sdb
94,5/105 $, -4 $ en basse saison ;
🛜 gratuit

Très centrale, cette grande auberge
propose des chambres et des dortoirs
confortables. Réservation indispensable
pendant le carnaval et la période
estivale. Nombreuses activités et
grande cuisine à disposition. Également,
un café-bistro et un bar, ouvert jusqu'à
23h. Petit-déjeuner 4 $, gratuit pour les
chambres individuelles.

🛏 Auberge de la Paix

📞 418-694-0735 ; www.aubergedelapaix.
com ; 31 rue Couillard ; adulte/4-10 ans dort
26/13 $, d 72 $, literie 5 $; 🛜

Plus petite que la précédente (60 lits)
et un cran en dessous en termes de
confort, cette auberge colorée a des
dortoirs de 6 à 8 lits et 4 chambres
doubles. Agréable cour intérieure
pour prendre ses repas. La rue est
étonnamment calme, bien que proche
d'une artère très animée du Vieux-
Québec. Réfrigérateur, four et machine
à café à disposition. Casiers dans les
chambres. Paiement en liquide.

🛏 Université Laval

📞 418-656-5632 ; www.residences.ulaval.ca ;
2255 rue de l'Université, pavillon Alphonse-
Marie-Parent, bureau 1604, Sainte-Foy ;

s/d étudiant 35-38/49-55 $, non-étudiant
43-45/56-62 $; ⏱mai-août ; 📶

Véritable ville dans la ville, l'immense
campus domine le nord-ouest de
l'agglomération de Québec. Chambres
simples et fonctionnelles. Possibilité
de louer également des studios avec
kitchenette (102-120 $). Les bus nᵒˢ800
et 801 partent de la place d'Youville,
dans la vieille ville, et longent le
boulevard René-Lévesque.

Catégorie moyenne

🛏 Chez Hubert

☎418-692-0958 ; www.chezhubert.
com ; 66 rue Sainte-Ursule ; s/d avec sdb
commune 65/110 $ basse saison, s/d
100/120-140 $ haute saison ; P 📶

> ## Trouver un
> ## Bed & Breakfast
>
> Les B&B, souvent appelés "gîtes
> du passant" ou "couette et café"
> au Québec, vous permettront de
> séjourner dans de jolies demeures
> et de bénéficier d'un accueil
> chaleureux et de copieux petits-
> déjeuners faits maison. Pour tous
> les détails, consultez les sites
> Internet suivants :
>
> ➡ **Gîtes du Canada** (www.gitescanada.
> com). Près de 330 adresses
> recensant des chambres d'hôtes et
> des B&B dans les villes de Montréal
> et de Québec.
>
> ➡ **Gîtes et Auberges du passant**
> (www.giteetaubergedupassant.com).
> L'organisme québécois gère les
> chambres d'hôtes et les B&B
> affiliés à l'excellent label "Gîtes et
> Auberges du passant".

Il règne dans ce gîte une douceur
apaisante. Grandes chambres
lumineuses au charme rustique, bien
qu'elles se partagent des sdb. Une des
chambres (3 lits) est tout indiquée po
les familles. Stationnement gratuit
(rare dans la vieille ville). Prix honnête
Paiement en liquide.

🛏 Chez Marie-Claire

☎418-692-1556 ; www.bbmarieclaire.con
62 rue Sainte-Ursule ; s/d 65/110 $ basse
saison, s/d 100/130 $ haute saison ; P 📶

Vous logerez dans l'une des 3 chambr
spacieuses, climatisées et douillettes,
avec sdb privatives. La maison
ancienne, très coquette, est parée de
jolies boiseries et de papiers peints.
Belle chambre familiale avec battants
Petit-déjeuner copieux. Stationnemer
compris. Paiement en liquide.

🛏 L'Heure Douce

☎418-649-1935 ; www.bbheuredouce.con
704 rue Richelieu ; s/d/tr 75/85-90/125 $
avec sdb commune, petit-déj inclus

Située en hauteur, dans une rue
calme à l'extérieur des remparts,
L'Heure Douce dispose de 3 chambre
mansardées et très bien tenues. Une
cuisine équipée est mise à disposition
ainsi qu'une petite terrasse avec vue
panoramique sur les Laurentides.
Excellent rapport qualité/prix. Accuei
très sympathique. Stationnement
10 $/jour.

🛏 À l'Augustine

☎418-648-1072 ou 1-866-648-1072 ; www
bbvieuxquebec.com ; 775 rue Richelieu ; s
avec sdb commune 75-80/80-90 $ basse
saison, 80-85/85-90 $ haute saison, s/d
suite avec sdb 105-120/115-125 $ basse

son, 110-125/125-130 $ haute saison ;
[p]tit-déj inclus ; 📶

[ma]ison conviviale et plaisante,
[à l']image de ses propriétaires.
[Le]s quatre chambres avec sdb
[par]tagée sont décorées avec goût
[et p]ossèdent un parquet magnifique.
[Un]e belle suite avec cheminée, de
[pla]in-pied avec le jardin, complète
[les] atouts de cette bonne adresse
[à q]uelques centaines de mètres de
[la p]lace d'Youville et des remparts.
[Sta]tionnement 8 $/jour.

Auberge l'Autre Jardin

[☎] 418-523-1790 ou 1-877-747-0447 ;
[ww]w.autrejardin.com ; 365 bd Charest
[E ;] s/d 96-116/111-131 $ basse saison,
[d] 135-149/155-165 $ haute saison,
[p]tit-déj inclus ; 📶 @

[Ce]t hôtel permet de financer les
[ac]tivités de Carrefour Tiers-Monde.
[Le]s chambres, spacieuses et hautes
[de] plafond, sont aménagées de
[faç]on simple. Serviettes de bain en
[co]ton biologique et équitable. Petite
[é]boutique sur place.

Hôtel Sainte-Anne

[☎] 418-694-1455 ou 1-877-222-9422 ;
[ww]w.hotelste-anne.com ; 32 rue Sainte-
[An]ne ; d 99-169/169-219 $ basse/haute
[sai]son selon les chambres, suite jusqu'à
[4]9 $; 📶

[En] plein cœur de la vieille ville,
[ce]t hôtel offre 28 chambres classiques
[et] confort (clim), avec mobilier
[m]oderne, jolis pans de mur en pierre
[an]cestrale et pour certaines, vue sur le
[Ch]âteau Frontenac. Le petit-déjeuner
[(in]clus) de style brunch se déguste
[au] restaurant attenant. Un excellent
[ch]oix.

🏨 Hôtel PUR

☎ 418-647-2611 ou 1-800-267-2002 ; www.
hotelpur.com ; 395 rue de la Couronne ; ch
109-159/159-249 $ basse/haute saison ; 📶

Au cœur de Saint-Roch, un hôtel au
design moderne et zen. Les chambres
épurées possèdent de grandes fenêtres,
des lits moelleux ainsi que des bains
japonais et des douches vitrées. Prises
pour iPod et DVD. Accès à une piscine,
un sauna et une salle de sport.

Catégorie supérieure

🏨 Hôtel Le Priori

☎ 418-692-3992 ou 1-800-351-3992 ; www.
hotellepriori.com ; 15 rue Sault-au-Matelot ;
ch 129-189/199-259 $, suite avec spa
219/289 $, suites sup 249-279/319-429 $
basse/haute saison ; 📶

Cette ancienne demeure du XVIIIe siècle
abrite des chambres contemporaines
et élégantes. Les matériaux sont
harmonieusement mis en valeur :
pierres anciennes, douches en
ardoise, décor créé par des artisans
de la Beauce. Certaines sont dotées
de kitchenettes, de balcons et de
cheminées. Excellent choix.

🏨 Auberge Saint-Antoine

☎ 418-692-2211 ou 1-888-692-2211 ; www.
saint-antoine.com ; 8 rue Saint-Antoine ;
ch confort 169-229 $, luxe 229-319 $, suite
319-1 000 $ selon saison

Derrière une entrée un peu austère, cet
hôtel, qui se cache tout près du musée
de la Civilisation, dans la Basse-Ville,
figure parmi les plus prestigieuses
adresses de Québec. La décoration
réussie en fait un lieu à la fois moderne,
raffiné et apaisant. Une adresse
d'exception.

Index

Reportez-vous aussi aux index :

⊗ **Se restaurer p. 193**
◉ **Prendre un verre p. 194**
✪ Sortir p. 194
⊕ **Shopping p. 195**
✪ Sports et activités p. 195
▣ **Se loger p. 196**

⊗ Se restaurer

En coulisses

Vos réactions ?

Vos commentaires nous sont très précieux pour améliorer nos guides. Notre équipe lit vos lettres avec la plus grande attention et prend en compte vos remarques pour les prochaines mises à jour. Pour nous faire part de vos réactions, consultez notre site web : **www.lonelyplanet.fr**

Nous reprenons parfois des extraits de notre courrier pour les publier dans nos guides ou sites Web. Si vous ne souhaitez pas que vos commentaires soient repris ou que votre nom apparaisse, merci de nous le préciser. Pour connaître notre politique en matière de confidentialité, connectez-vous à : www.lonelyplanet.fr/confidentialite/index.cfm

Remerciements des auteurs

Anick-Marie Bouchard Un gros merci à Stéphanie Bergeron pour les soirées à discuter de la sélection de restaurants, à Cédric, Francis et Jeffrey pour le soutien patient au quotidien, aux colocs de Challes et Saint-Ours pour le temps et l'espace de travail, à Pascal de s'être prêté au jeu du photographe de voyage avec autant de professionnalisme et bien sûr aux rêveurs qui croient à mes projets fous, même quand je dois disparaître de longues semaines pour écrire des guides ! Enfin, merci à Isabelle et Didier pour leur accompagnement... et leur patience !

Maud Hainry Un grand merci à Paco, Bianca et Maël, qui m'ont accueillie pendant ce séjour (et pendant tant d'autres !). Merci aussi à Isabelle et Didier, pour leur confiance et leur professionnalisme. Merci enfin à mes parents, qui sont à l'origine de tout et surtout de mon goût pour le voyage...

Crédits photographiques

Photographie de couverture : la place du Canada, le square Dorchester et la cathédrale Marie-Reine-du-Monde, © Alan Copson/JAI/Corbis

À propos de cet ouvrage

Cette 2e édition française de *Montréal et Québec en quelques jours* est une création de Lonely Planet France/En Voyage Éditions. La précédente édition de ce guide avait été écrite en anglais par Regis St Louis et traduite par Frédérique Hélion-Guerini.

Direction éditoriale Didier Férat **Coordination éditoriale** Isabelle Bouwyn

Responsable prépresse Jean-Noël Doan **Maquette** Sébastienne Ocampo **Cartographie** AFDEC **Couverture** Annabelle Henry

Merci à Christiane Mouttet pour sa relecture attentive du texte.

Maud Hainry

Maud est passionnée de voyages, d'écriture et de photographie. Après des études de philosophie et de sciences politiques, elle travaille pour des ONG au Canada, l'Unesco en Inde, et en freelance en tant que rédactrice et photographe. Bretonne d'origine, elle a habité Montréal et New Delhi et effectué plusieurs voyages en Asie du Sud-Est. Maud reçoit le premier prix de reportage sur le thème du voyage organisé par Libération et l'APAJ en 2009. Elle publie son premier livre *Portraits indiens* aux éditions Artisans-Voyageurs en 2012. Elle a contribué à ce guide en rédigeant le chapitre *Ville de Québec*.

PHOTOGRAPHE

Pascal Dumont

Pascal voyage depuis des années et a parcouru plus de 75 000 km en auto-stop à travers une cinquantaine de pays. Il a entre autres vécu en France, en Sibérie et à Berlin. Aujourd'hui, il travaille comme journaliste visuel à Montréal, et multiplie les allers-retours en Russie, pays où il a découvert sa passion pour le photo-reportage. Photographier Montréal aura été un long processus parsemé de sympathiques rencontres qui lui aura permis de mieux connaître sa ville natale.

Les auteures

Anick-Marie Bouchard

Née sur les îles de la Madeleine, Anick-Marie fait des études assez éclatées, de l'environnement à la biophysique, de la politique internationale à la gestion de commerce en passa par l'anthropologie. Adoptant un mode de vie "nomade", elle fait de la radio au Pérou, du Wwoofing au Canada, du stop longue distance par -20°C, devient fille au pair en Allemagn et bénévole pour le réseau d'hospitalité Couchsurfing, présentant des conférences et des ateliers aux quatre coins de l'Europe pendant près de deux ans. Forte de son expérience de plus de 110 000 km en auto-stop, elle a créé blog Globestoppeuse.com qui est la référence francophone pour tout ce qui concerne la culture du stop dans le monde Elle est également conférencière du voyage d'aventure solo au féminin. Son dernier projet l'amène au Kazakhstan à vél électrique solaire dans le cadre du SunTrip, un rallye de plus de 7 500 km sans assistance.

P. 199 AUTEURES (SUITE)

Montréal et Québec en quelques jours
2e édition

© Lonely Planet Publications Pty Ltd 2013
© Lonely Planet et Place des éditeurs 2013

Photographies © comme indiqué 2013

Dépôt légal Septembre 2013
ISBN 978-2-81613-365-3

Photogravure : Nord Compo, Villeneuve d'Ascq

Imprimé par L.E.G.O. Spa (Legatoria Editoriale Giovanni Olivotto), Italie

Bien que les auteurs et Lonely Planet aient préparé ce guide avec tout le soin nécessaire, nous ne pouvons garantir l'exhaustivité ni l'exactitude du contenu, transmise sous quelque forme que ce soit, par des moyens audiovisuels, électroniques ou mécaniques. Lonely Planet ne pourra être tenu responsable des dommages que pourraient subir les personnes utilisant cet ouvrage.

En Voyage Éditions | un département | place des éditeurs

MIXTE
Issu de sources responsables
FSC® C003309

Tous droits de traduction ou d'adaptation, même partiels, réservés pour tous pays. Aucune partie de ce livre ne peut être copiée enregistrée dans un système de recherches documentaires ou de base de données, transmise sous quelque forme que ce soit, par des moyens audiovisuels, électroniques ou mécaniques, achetée, louée ou prêtée sans l'autorisation écrite de l'éditeur, à l'exception de brefs extraits utilisés dans le cadre d'une étude.
Lonely Planet et le logo de Lonely Planet sont des marques déposées de Lonely Planet Publications Pty Ltd.
Lonely Planet n'a cédé aucun droit d'utilisation commerciale de son nom ou de son logo à quiconque, ni hôtel ni restaurant ni boutique ni agence de voyages. En cas d'utilisation frauduleuse, merci de nous en informer : www.lonelyplanet.fr